災害食
ハンドブック

学術博士 **奥田 和子** 著

インフラ
機能停止

台風・豪雨

ローリング
ストック

暑さ・寒さ
対策

日本食糧新聞社
Nissyoku

はじめに

奥田和子

1995 年 1 月 16 日夜半、書斎で奇妙な体験をした。書物を読んでいた時、部屋の隅で札束を数えるような不思議な物音が続いていたのである。そして早朝 5 時過ぎ大地震が勃発した。おそらく和室なので障子の和紙が振動していたのかもしれない。

当時、大阪大学の発酵工学科の上田隆蔵先生に師事して、発酵食品が肉のうまさを増強させる理由を実験で追及していた。大震災が勃発して、仲間と共に避難所にかけつけたが、それ以後災害食の研究に没頭するようになったのである。あれから 27 年が経過した。

次々に勃発する災害で、被災地に炊き出しボランティアとしても訪ね研究を重ねたが、まだまだ道のりは遠い。現時点では災害食は発展途上である。なぜなら、わが国の食料自給率が低いなか、普段の日常生活では食料廃棄が多く、SDGs どころではない。消費者、生産者ともに食べ物に対して浪費癖がつき、災害食もしかりである。さらに近年の気象環境は厳しさを増し、地球上の食料不足で飢餓人口が増加し続けている。一方で被災地への救援物資は需給のバランスがとれていない。結果として被災者の中で、日ごと元気を失い二次災害による死亡者が増えてきた。

そのため、まだまだ多くの問題が山積しているのである。

本書にご執筆いただいた方々に心から感謝申し上げるとともに、刊行に至るまで多大なご尽力をいただいた株式会社日本食料新聞社の佐藤路登世記者、山本美香子氏に深甚の謝意を表します。

Contents

第1章　本当に必要な災害時の食……7

Ch.01-1　本当に必要な災害時の食……8
① 頻発する自然災害と今後予想される災害…… 8
② コロナ禍は食の風景をどう変えたか……11
③ 被災者に聞いた「食べたかったもの」「困ったこと」……14
④ 被災時に本当に必要な食……17
⑤ 政府のプッシュ支援で届いた救援物資……21
⑥ 災害食とは……25
⑦ 自宅避難者に必要な食……28
⑧ 食べる・飲むと必ず出るトイレ（排泄）の問題……30
⑨ ペットのための備蓄……33
⑩ 外国人への支援……34

Ch.01-2　「食」で元気を保つ備蓄のコツ……36
① 被災時の食べ方、食品の選び方……36
② 食料・飲み物の備蓄は何日分必要か……39
③ 家庭備蓄の３法則……43
④ おかずとは？……47
⑤ 弱者へ災害食をカスタマイズ……53

Ch.01-3　ライフライン遮断時の調理アイデア……61
① よく作り、よく食べた食べ物……61
② 飽きずに食べる工夫……65
③ 野菜をたくさん摂るための方法……68
④ 炊き出しの危険性……72

第2章　実践！災害食サバイバル術……79

Ch.02-STEP1　はじめの３日間……80
① 水はどのくらい必要？……80
② 食欲がわかない！……82
③ 即効エネルギー源……84
④ 乳幼児がいる場合……86
⑤ 高齢者がいる場合……88
⑥ 癒しのおやつ……90
⑦ カセットコンロがあれば……92

Ch.02-STEP2　電気が復旧……96
⑧ 身体の不調を予防する……96
⑨ 不足しがちなタンパク質を補う……98
⑩ ビタミンを摂ろう……100
⑪ ミネラルが足りないとどうなる？……102
⑫ 感染症から守る……104
⑬ 熱中症を予防する……106

Ch.02-STEP3日常へ……112
⑭ 味にバリエーションをつける……112
⑮ 塩分摂りすぎ注意！……114
⑯ 肥満の問題！？……116
⑰ オーラルケア……118

Ch.02-番外編　日頃の備え……120

⑱ 持ち歩きに最適……120

⑲ 一人暮らしの非常食……122

コラム　冷たい食事からの脱却
　　　　奥田和子……94

コラム　実践！災害時に使える缶詰クッキング
　　　　缶詰博士　黒川　勇人……108

コラム　災害食は先端技術のかたまり
　　　　実践女子大学名誉教授　田島　眞……124

第3章　災害食　最前線……129

Ch.03-災害食　最前線……130

災害食大賞……130

災害食大賞2022……131

SDGｓ・災害食大賞2023……137

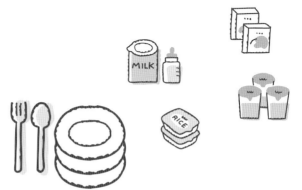

第 1 章

本当に必要な災害時の食

奥田和子 著

1 頻発する自然災害と 今後予想される災害

　災害は自然災害と人為的災害の2つに分けられます。直近での大災害は2つあげられます。

　1つは新型コロナウイルス感染症で、人為的な災害です。2019年12月頃、中華人民共和国の武漢から発生して世界中に蔓延し、いまだに終わりが見えないコロナによる災害です。避けることは不可能で世界的な広がりをみせ、2022年7月8日現在での新型コロナウイルス感染症の感染者は954万4,437例、死亡者3万1,377名になりました（感染症エクスプレス@厚生省 vol467 2022年7月8日）。

　人々は外出時にはマスクをつけ、不要不急の外出を避け、リモート学習、在宅勤務などを余儀なくされました。イベントの開催なども自粛し、生活環境は大きく変化しました。そのため経済活動に多大な損害をもたらしました。もちろん学校給食にも多大な影響が及び、たとえば牛乳の消費がだぶつき牛乳業界は低迷し、牛乳の廃棄を余儀なくされた事業所もありました。

　もう1つは2022年6月以来の猛暑（熱波）災害があげられます。

　図表1-1に1990年以降の主な災害を、図表1-2に今後想定される大災害をあげました。

　図表1-2で「火山爆発」というのは簡単な表現ですが、実際には複雑で対応は多難です。リスクは振動、火砕流、噴煙、落石など広範におよぶといわれます。想定される被害をあげてみましょう。

図表1-1　近年の主な自然災害と人為的な災害		
区　分	項　目	発生日時
火山爆発	雲仙普賢岳	1990年11月7日
	有珠山	2003年8月19日
地震	阪神・淡路大震災	1995年1月17日
	鳥取県西部地震	2000年10月6日
	芸予地震	2001年3月24日
	新潟中越地震	2004年10月23日
	新潟中越沖地震	2007年7月16日
	東日本大震災	2011年3月11日
	熊本地震	2016年4月14日
	大阪北部地震	2018年6月18日
	北海道胆振東部地震	2018年9月6日
豪雨	広島市北部豪雨土砂災害	2014年8月
	福岡・大分集中豪雨	2017年5月6日
	広島・岡山・愛媛豪雨	2018年7月
	北九州豪雨	2019年8月
	熊本・九州中部豪雨	2020年7月3日
台風	14号→東海豪雨（東海地方～高知県）	2000年9月11～12日
	16号	2016年8月16～31日
	19号→関東・上陸・甲信・東北地方	2019年9月
猛暑	高知県	2013年8月上旬
	熊谷市・下呂市・美濃市	2018年
	日本全土	2022年6月
豪雪	平成18年豪雪	2006年3月1日
	岐阜県・山梨県・長野県	2014年2月7～9日
感染症	新型コロナウイルス～変異	2020年1月～
		2023年～

資料：国土交通省ホームページ等参照

図表1-2　今後想定される避けられない代表的な大災害		
区　分	項　目	発生日時
侵略	国外からの侵攻	不明
地震・津波	首都圏直下地震	不明
火山爆発山火事	火山の噴火（富士山等）、ハワイ州（マウイ島）、カナダ北西部	不明

圧迫死

倒れてきたものの下敷きになる、振動で自分自身が倒れる、火砕流に巻き込まれる、土石流の下敷きになるなど

呼吸困難

噴煙を吸うことによるもの、高温の外気下で引き起こされるもの

火災発生

熱中症、衣服に火が燃え移りやけど、清浄な空気がなくなり生活しにくくなる

外出困難

食料や飲み物を買いに行けなくなる、家ごもりを余儀なくされる

けがや病気

手当を自力でしなくてはならなくなり、避難所へも行きにくくなる

家の損壊

自宅に粉塵が入らないよう目張りをしなければならない

食料生産・供給

農産物、果樹園の作物、畜産物、近海の漁業・養殖業など被害は甚大となり、自給率が大幅に減る

情報の遮断

テレビが映らない、電話が通じない、インターネットにつながらない

情緒面

精神的に孤立し苦痛になる、不安の極みを味わう

　例をあげるときりがないですが、被災したらどうしますか？　自分は火山の近くに住んでいないから安心、というのではなく、仕事、観光（国外も含めて）、学会、会議、大学入試などの関係で出向き火山災害に遭遇する可能性もあります。事前に予防策を講じるしか方法はないでしょう。

　災害により対応は異なりケースバイケースですが、ここでは真っ先に食べ物と飲み物を備蓄しなければならないということを考えます。

　もう一つ、これは国外から侵攻を受けたときの対応の例です。そんなことはないとお思いでしょうが、言い切れますか？　空想世界のような話で想定外でしょうか？

　ロシア軍によるウクライナ侵攻では、ウクライナ市民が地下に避難している様子が報道で見て取れます。残念ながら私の住む町は田園地帯さながらに地下街がなく、したがって地下避難所はまったくありません。わが町に地下のシェルターができる日がくるとはとうてい思えません。

2 コロナ禍は食の風景 をどう変えたか

わが国では、2020年1月に新型コロナウイルス感染症の流行が始まり、感染拡大とともに人々の食事様式が様変わりしました。その「うねり」を3つとりあげてみます。

出典：奥田和子、日本災害食学会誌 VOL.8 NO.1 (2021)

① 温故知新

厚生労働省は「3密」（密閉、密集、密接を避ける）を提唱しました。そして、これを飲食・喫茶店内での顧客の行動規範にも当てはめました。(1)客同士間隔を空けて座る、(2) つい立てで客同士を区切る、(3) 食べるとき以外はマスクをする、(4) 食事中のおしゃべりは慎むなど。

一方、食べ物を提供する店側への具体的な予防策は甘くなっています。100年前に流行したスペイン風邪では、食器の熱湯消毒を強く指示していました。当時、飲食店が閉鎖された理由は、食器の洗浄・煮沸消毒の徹底を強調したからです。今日は顧客ばかりを問題視し、調理場の感染拡大防止策、調理人の感染状態のチェックが欠けている点を指摘したいと思います。

出典：内務省衛生局編『流行性感冒「スペイン風邪」大流行の記録』東洋文庫778、平凡社（2008）

② PCR検査

新型コロナウイルスの感染者には、無症状者（不顕性感染＝感染しているにもかかわらず症状がでない）がいるため外見では感染しているかどうか区別ができません。したがって食事提供者（サービスも含む）が感染拡大に関与している懸念があり、PCR検査が必要だったと考えています。

③ 災害食の拡大

（一社）日本災害食学会の「災害食」の基準を満たした「認証済食品」の会社等23社に対して、右の質問紙調査を奥田が行いました。

質問内容	コロナ禍中（2020年1～5月）と（前年2019年同月）の販売実績の比較
調査期日	2020年6月8日～19日
調査した災害食	65種類

（メール・郵送、回収率：19社83％）

図表1-3　コロナ禍中災害食拡大のメカニズム考察

発生現象 トリガー		巣ごもり	飲食店閉鎖	先行き不安	長期化	複合災害 （ニュース）
行　動		家庭内食	テイクアウト	**備蓄＝災害食**	**備蓄＝災害食**	分散避難 ＝分散備蓄
理由		同じもので飽きる	**衛生面不安**	安全・安心	**安全・安心**	備蓄の必要性
		食べなれたもの	珍しさ	**おいしい**	**健康志向**	まとめ買い
		調理面倒	**料理から解放**	日持ちする	**利便性**	行政の備蓄
		多様性望む	多様性対応	多様性対応	**目新しさ**	**諸機関の備蓄**
		子ども在宅・おやつ	価格面高価	売り切れなし	**免疫力アップ**	目的別ニーズ対応
結　論		買い物必要	衛生上の不安	災害食の拡大		災害食の拡大
		⬇	⬇	⬇		⬇
		感染リスク大	感染リスク大	ネット通販の膨張		備蓄志向の膨張

出典：奥田和子、日本災害食学会誌VOL.8 NO.1（2021）
©OKUDA

図表1-4　災害食に求められる要素

災害食への要求	説　明
1.安全・安心	新型コロナウイルスに対する不安から**安全・安心して食する物**への要求
2.種類	**主食**が重要視される　Ex：ご飯もの、アルファ化米、パン、パスタ、小麦粉（家庭で作る）、関連商品2～3倍
3.健康志向	**免疫力強化**　Ex：野菜ジュース、野菜スープ、かゆ、ミルクスティック（カルシウム）、アレルギー対応等付加価値食品（あまに油等）
4.手軽さ	**1品で栄養補給が可能なもの**　Ex：レトルトシチュー等を学校給食で配り、ウイルスが混入しないように自分の机で、自分で封を切り食べる（日常食）
5.無接触での購入	外出自粛により**ネット販売**で入手できるもの、組合せセット販売は人気が高い
6.購入先	災害食は、スーパー・調合薬局、ドラッグストア、行政、病院・介護施設等**あらゆる領域**に納入されていた
7.豊富な種類	長期化への対策として**種類の豊富さ**が求められる（赤魚の煮つけなどの**新製品**の売れ行きが大きかった一方、古くから伝わる餅なども需要が大きい）
8.衛生管理・品質	**ウイルス混入対策**として、衛生面で業界にいっそうの厳しさが求められる
9.生産者は無感染	加工製造に携わる人は**ウイルス保持者**でないことが求められる（**PCR検査での保障**）

出典：奥田和子、日本災害食学会誌VOL.8 NO.1（2021）
©OKUDA

その結果、図表 1-3、図表 1-4 の状況がわかりました。

調査した災害食のうち、販売実績の前年度比が同じか低い食品は 15％、逆に販売額が増えた（101 ～ 3221％）ものは 85％であり、災害食はコロナ禍で販売実績を大幅に伸ばしたことを認めました。

なぜ、災害食はコロナ禍で顕著な効果を発揮したのか、図表 1-3 で災害食拡大のメカニズムを考察しました。そして、今後に向けて感染症における災害食はどのような要素が求められているかを図表 1-4 にまとめました。

今回のコロナ騒動で、災害食の重要性が増大し、公共機関、企業での備蓄だけでなく、一般家庭にもマーケットが拡大し一定の定着が見られました。

ネット通販の拡大とともに今後ますます需要が拡大し、日常でも使える災害食は賞味期限の長い日常食に変貌していくことを期待しています。

図表 1-5 は、コロナ禍における副食の消費支出の変化を比較したもので、上位 12 種類の副食があげられています。ハンバーグが 11 倍、天ぷら・フライが 9 倍となっています。肝心の野菜料理はサラダだけで、しかも 100％ を割っています。これでは健康は保ちがたいと残念に思います。

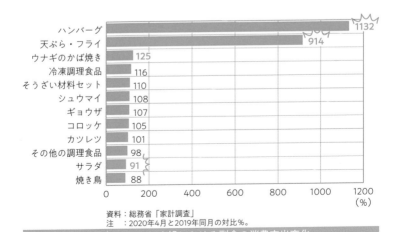

資料：総務省「家計調査」
注　：2020年4月と2019年同月の対比％。

図表1-5　コロナ禍における副食の消費支出変化

③ 被災者に聞いた「食べたかったもの」「困ったこと」

阪神・淡路大震災の後、私は避難所で被災者の方々に聞き取り調査を行いました。以下、調査内容をまとめています。

①食べたかったもの

避難所で「どんな食べ物が食べたいと思いますか」と尋ね、1つだけ自由記述してもらいました（図表1-6)。

8割（2割が無記入）が回答した料理名のうちベスト5は、炊きたてご飯、野菜の煮物、刺身、鍋物、野菜料理の順でした。和・洋・中で分類すると、220例のうち10例を除いてすべて和風料理。食品別に分類すると、野菜類が34.5%でもっとも多くなりました。

出典：奥田和子『震災下の食ー神戸からの提言』NHK出版（1996年）
注 ：阪神・淡路大震災（1995年1月発災）神戸市、芦屋市、西宮市の避難所9カ所での聞き取り調査、220人の結果。

図表1-6　どんな食べものが食べたいと思うか

続いて「配給食にどんな食品があったらいいと思いますか」と食品名で尋ねると、驚いたことに、緑黄色野菜がトップで5割を超えました。

避難所生活者の食に対する反応は、

●同じ食べ物の繰り返し
●食べ物がまずい
●口に合わない
●そのために食べ残した

というものでした。

食品の偏りは栄養の偏り。食べたいものは野菜、海藻、果物、魚で、これ

らを盛り込んでほしいということでした。また、被災地の栄養士42人を対象に「過剰摂取だと思う栄養素はなにか」と聞いたところ、エネルギー、糖質、脂質、塩分ということでした（1995年5月、出典は図表1-6と同）。

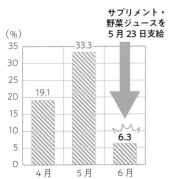

出典：岩手県栄養士会「そのとき被災地は」野田村役場・下畑優子報告P55（2013）

注：〔聞き取り〕問題点としてトイレや**便秘、野菜、魚類の不足**、義歯の不具合、口内炎、肌のトラブル、血圧の上昇、運動不足、不眠、疲れ、食欲不振など。

図表1-7　便秘を訴えた人の比率

②従来の災害食に足りないもの

図表1-7は東日本大震災時に岩手県の栄養士会が聞き取り調査をしたものです。グラフは便秘を訴えた人の割合で、3月11日発災後約1カ月後には約19％、2カ月後には33％に増加しました。そこで5月に、栄養士会がサプリメントと野菜ジュースを配ったところ、便秘が6％まで減ったといいます。このことから、配給した2品が便秘を減らせたと考えられます。

③被災者に聞いた「困ったこと」—阪神・淡路大震災の場合

阪神・淡路大震災でもっとも困ったことは「備蓄食品がなかったこと」でした。

災害救助法等により、県は災害時に主食（米穀および乾パン）および副食を備蓄し調達するように決められています。まず、主食は知事が食糧事務所長と連携して、炊き出しに必要な米穀と乾パンを用意し確保する必要があります。副食は味噌、しょうゆ、即席めんなどです。また、市町村長は、食料の備蓄・調達、炊き出し、供給の方法について事前に決めておかなければならないことになっています。

しかし、神戸市生活再建本部の係は「備蓄はなかった」と言いました。ただ、生活協同組合コープこうべとの間で緊急時に生活物資の確保および安定供給を行うランニングストック（流通備蓄）を1973年に結んでいたので、これが功を奏しました。

芦屋市の場合は芦屋市消防本部、防災安全課の係にインタビューした結果、

市役所の向かいの精道小学校3階の1室が備蓄食品の倉庫に充てられていました。ここに目的外使用というかたちで、水と乾パンが保管されていました。しかし、これは結局、市民の飲食用としては役立ちませんでした。というのは、「水はケガ人の傷口の消毒用に全部使われてしまった」からです。

　西宮市市民局市民課の係も「備蓄食品はなかった」と言いました。「これまで火事、風水害、台風などのときは、ある特定の地域が被害にあうので、命令して買い出しをしてくればよかった。それで十分足りていた。」結局、3市とも備蓄食品はなかったことになります。

　では、市民はどうだったのでしょう？

　私はそのとき、他市から芦屋市に転居していました。なぜかといえば、神戸、芦屋、西宮はオシャレな住宅街で災害がない町、平和な住宅地だと昔から定評があったからです。備蓄など考える人は誰もおらず、のんびりと平和に暮らしていました。

　ところが、本当はそうではありませんでした。突然の予期せぬ地震で、私の勤務していた大学の学生寮では、寮生は手持ちの飲み物、シリアルを食べ、大学からお菓子や缶ジュースをもらって空腹をしのいだのです。

　備蓄がなくて困ったという人ばかりでした。冗談めいた伝説をかたく信じていたのが悔やまれました。

　ガス、水道、電気すべてがストップしました。地域によって違いますが、ガス不通がもっとも長く約2カ月半続き、水道は約2カ月、電気は約1週間で回復しました。その間、水道の復旧がもっとも待たれました。洗濯、風呂が不可能で、遠く尼崎市、大阪方面に電車で出向きました。料理は電化製品に依存しました。

　災害弱者─体調をくずした高齢者、病者らについては、「Ch.01-2⑤ 弱者へ災害食をカスタマイズ」に譲ります。

④ 被災時に本当に必要な食

(1) 被災地の避難所での食

① 主　食

図表 1-8 は、福島保険事務所が東日本大震災発災（2011 年 3 月 11 日）から約 1 カ月 10 日経過後に避難所での主食を調べた結果です。ご飯 57％ ＋ おにぎり 16％ ＝ 73％が米であることに興味をそそられます。ご飯やおにぎりは調理に手

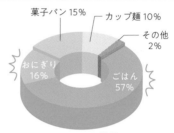

菓子パン 15％　カップ麺 10％　その他 2％　おにぎり 16％　ごはん 57％　お米 計 73％

資料：福島保健福祉事務所調べ（2011 年 4 月 20〜28 日）避難所 159 カ所での回答結果をもとに奥田和子作成。

図表1-8　東日本大震災避難所の主食

間がかかりますが、被災者が食べたかったのは日頃食べ慣れた米でした。身近に米があり、それを炊くことができたことが実証された例といえましょう。

このように避難所でご飯を食べることができたということは、在宅避難者にも何らかの方法でご飯が届けられたものと推察されます。俗に「腹ごしらえ」と言いますが、お腹が空いた状態は避けなければなりません。とくに、被災時には、まずは主食の確保に努めることが求められます。菓子パン、カップ麺・ラーメンは米の約 1 ／ 3 しかありません。

阪神・淡路大震災でも同じような傾向がみられました。災害時を振りかえって書いてもらった感想文の 1 つを紹介しましょう。それを読むと、結局私たちは紛れもなく日本人だったということがわかります。どこかの家庭でパンを焼いたというのは聞いたことがなく、とにかくご飯の人気が高かったのです。

ある学生の手記は「被災の翌日、父は勤め先の酒造会社から水をもらってきた。家には七輪と炭があった。庭で火をおこしてご飯を炊いた。そして温かいお茶を飲んだ。それはすごくおいしかった」。ある学生は、避難所へは行かずに自宅で過ごしたが、食べ物で困ったのはいつも食べていたご飯が食

べられなくなったこと。「温かいおいしいご飯が早く食べたい。この思いは日に日につのった。」（奥田『震災下の食』NHK出版〈1996〉）

地産地消という言葉がよみがえります。災害時、日頃食べ慣れている土地で育てた食べ物が一番のごちそうであることを物語っています。

②おかず

おかずはいろいろですが、大きく2つに分けることができます。魚や肉のグループと、体の調子を整える野菜・海藻・豆などのグループです。主菜、副菜に分ける方法は不都合と考えられます。災害時には、いわゆる副菜と呼ばれている野菜のおかずが大幅に欠乏して（供給がほとんどない）健康維持が難しいのが現状です。家庭では「主人と奥さん」という呼び方が差別用語（私見）であるように、人間は全員が主人公です。おかずも同様で主菜も副菜もない、全部が主人公です。そもそも主菜、副菜という言葉は菜食主義者の場合は逆になり、適切ではありません。

命の尊さの平等性という観点から、おかずはすべて平等に扱うことが大切です。そういうわけで、わたしは「おかず」と呼びます。おかずとは一品ではなく数々あるという意味で、尊ぶ気持ちから「お」をつけているのです。

(2)被災時に本当に必要な食とは

被災時の食事としての「車の両輪」は、「日常食」と「栄養価値の高い食品」です。災害時、この両輪で乗り切ることが賢明です（図表1-9）。私はこれを「奥田式備蓄法」と名づけています。

電気、ガス、水道が止まっているとき、ふつう通りに料理できません。そもそも、電灯がつかず部屋が暗いうえ、地震ではひっきりなしに振動が起こります。部屋はものが散乱し、ごった返しているのです。こんなときは、常温で保管しておいた災害食を、封を切って食べるのが精いっぱいです。

まず、封を切ったらそのまま食べられるかどうかをチェックします。このような食品は残念ながら、栄養満点というものは稀です。とくに、ビタミンやミネラルなどの栄養素が足りない食品が多い。そのような偏った食事を長く続けていると、健康被害に陥りがちです。手遅れになる前に「奥田式備蓄法」

出典：奥田和子『本気で実践する災害食—災害所の食について考える』（2022.7.21）大塚ウエルネスベンディング㈱講演会資料　©OKUDA

図表1-9　災害時を乗り切る「奥田式備蓄法」

を実行したいものです。

栄養の偏りは、新鮮な食べ物が周囲から消えてしまうことで起こります。

では、どうすればいいのでしょうか？

私が九州北部豪雨災害時、朝倉市内で炊き出しをしていたところ、泥かきで疲労困ぱいした地元の人、ボランティアの人たちが足元も危なげに近づいてきて、「飲み物をください」と叫びました。

「ハイ、水ならここに、どうぞ。」と言うと、水ではなく「スポドリはないのか？」と言います。私は事務所へ行き、スポーツドリンクはないかと尋

講演会資料　©OKUDA

被災地では、被災者＋ボランティアの方々の水分補給を考慮
水だけではなく、**機能性飲料**の提供を！

図表1-10　熊本地震・九州北部豪雨〜被災地で

ねましたが、「ない」との答えでした。

　現場がほしがっているものがまったくないのは問題です。役所と現場の間は、深い溝で分断されていることを実感しました（図表 1-10）。

⑶ 被災時の寒冷地対策

　内閣府報告書（2022 年）によると、日本海溝地震や千島海溝地震での最大被害は冬の夕方・深夜で、低体温症要対処者数が数万人に上ると予想されています（図表 1 -11）。このような地では寒冷地対策は必須です（図表 1-12）。

図表1-11　日本海溝・千島海溝沿いの巨大地震による被害想定

推計項目	日本海溝地震	千島海溝地震
死者数 （冬・深夜）	約19.9万人	約10万人
低体温症要対処者数 （冬・深夜）	約4.2万人	約2.2万人
全壊棟数 （冬・夕方）	約22万棟	約8.4万棟
経済的被害額 （冬・夕方）	約31兆円	約17兆円

積雪寒冷地特有の課題
・吹雪や積雪寒冷により避難に時間を要する
・屋外や寒い屋内での避難は低体温症のリスクが生じる　等

資料：内閣府報告書（2022 年 3 月 22 日）
注　：（　　）は被害が最大となるケース。

図表1-12　避難時の寒冷対策強化

暖かい食べ物や飲み物がほしい被災者の願い
〈２つのことができる〉

新製品
画期的

HOT PLUS
MULTI WARM BAG
ホットプラス　マルチウォームバッグ

㈲山本商事

①食品を温める

②湯を沸かす

発熱剤＋水→高温の蒸気が発生

「水」を入れるだけで、どこでもアツアツの食事ができる！

⑤ 政府のプッシュ支援で 届いた救援物資

　政府が被災地に送った「プッシュ支援」は、元気な大人向けのものばかりです。被災者の中には高齢者、乳児、幼児、妊産婦、授乳婦、病弱者、障がい者などさまざまな人々がいるのですが、忘れ去られているのが残念です。

　食べ物の内容や分量などは、厳密にいえば"みんな違っている"はずです。年齢、男女差、成長段階、高齢者（衰退段階）、健康の度合いにより食べ物の内容や分量は同じではない。そんな人たちが集まっているのが避難所です。避難所の食事は重要な問題であり、見過ごしてはいけない難題でもあります。

(1) 熊本地震でのプッシュ型支援

　ガス、電気、水道のストップした被災地に、封を切ってそのまま食べることができない救援物資を送るのはいかがなものでしょうか。図表1-13で、すぐ食べられない「×印」は筆者がつけたものです。

図表1-13　熊本地震でのプッシュ型支援の内容

〈東日本大震災の教訓から早期プッシュ型支援を実施〉

	食　料	食　数
×	カップめん	60万
	パン	57万
	缶詰	36万
	レトルト食品	33万
×	パックご飯	30万
	おにぎり	23万
×	米	126 t（ご飯で84万食）
	バナナ	12万本

もっと多く →

飲み物ほか	数　量
水	24万 t
清涼飲料水	21万本
栄養補助食品	14万個
紙コップ	106万個
紙皿	22万枚
割りばし	7万膳
ビニール袋	12万枚

合計335万食のうち × 印174万食（52%）がそのまますぐ食べられない！

資料：熊本日日新聞（2016.5.25夕刊）より奥田和子作成

とはいえ、熊本地震（2016 年）でのプッシュ型支援では、これまでとは違う変化が見られます。それは「量より質」の時代に移行しつつあるということです。被災時は日常の食事のように料理ができないため、栄養が十分に摂れないことが常態化するのですが、その認識が支援物資を送る政府の人たちにもしだいに強まってきました。「本当に必要とされるもの」が支援物資の中に出てきたことは評価されます。 すなわち、栄養補助食品こそ被災者が本当にほしかったものでした。具体的には、カロリーメイト（９万個）、スポーツドリンク、ゼリー飲料（１万６千個）、固形のビタミン錠剤でした。これは私が農水省 K 係員からの電話対応（2019.6.20）により得た情報です。

⑵熊本県7月豪雨災害でのプッシュ型支援

　2020 年 7 月、熊本県球磨川流域で発生した線状降水帯により「７月豪雨災害」が発生し、河川流域の住民に大水害をもたらしました。この災害の特徴は 2020 年 1 月から全国で流行が始まったコロナ禍の最中であることで、

図表1-14　「令和２年７月豪雨」でのプッシュ型支援の状況

内容	数量 ※概数	日付	到着場所				
			人吉市	球磨村	芦北町	八代市	その他
パックご飯	25,000	7/6、7/7	5 カ所	5 カ所	7 カ所	2 カ所	市町村の避難所
缶詰、レトルト食品など	69,000	7/6、7/7、7/22、7/30					
粉ミルク、液体ミルク	2,300	7/8、7/13、7/14					
ベビーフード、幼児食	2,000	7/27					
介護食、おかゆ	12,000	7/28					
栄養機能食品	2,000	7/24					
水、お茶（500ml）	105,000	7/5、7/7、7/17、7/22					
経口補水液、野菜ジュースなど	94,000	7/6、7/10、7/15、7/22					
哺乳瓶他育児用品	350	7/11、7/13、7/14、7/15	3 カ所	1 カ所	1 カ所	1 カ所	

Point

主食：副菜＝約１：３

アルファ化米がない？

水分＝約20万本主食の8倍

熊本地震の際の提供品に比べてより効果的で適切

資料：令和２年９月16日15時00分時点内閣府防災担当資料を基に奥田和子作成

熊本県は感染拡大を恐れてボランティアを県内出身者に限定し、県外からの受け入れを断ったのです。孤立集落へ食料を届けるために自衛隊はたいへんな苦労をしました。川沿いの道路が崩壊しているために、道路のない山中をかき分けて持参する始末でした。

益城町グランマッセ
資料：熊本日日新聞2020.7.9総合3面より転載

写真1-1 国からのプッシュ支援到着

　熊本地震時の反省がなされて、ここでは充実した内容の救援がされました（図表1-14、写真1-1）。

　支援物資の内容は、過去の熊本地震の際の提供品に比べて、以下のようにより効果的で適切でした。

---

①ご飯よりもおかずが多い
②乳児にミルク、幼児に離乳食・幼児食を提供
③高齢者、要介護者にふさわしい食事を提供している
④免疫力を高めるために栄養補助食品を提供している
⑤飲み物は単に水だけでなく、お茶、経口補水液、野菜ジュースなどを提供している
⑥哺乳瓶を提供している

　ちなみに当時の被災地の食料品店などの店舗の状況を見ると、不十分ながら開店していたもようです（図表1 -15）。

(3) ウクライナへの食料支援

　ワルシャワ共同通信によると、日本政府は2022年5月12日、ロシアから侵攻されたウクライナ政府に対し、パックご飯や魚の缶詰などの保存が可能な計約15トンの食料を隣国のポーランドで引き渡しました。これまでも国際機関を通じて食料支援に関わってきましたが、一刻も早い物資提供を求めるウクライナ側の要請を受けて初めて直接届けました。ウクライナ国内外の避難民らに役立ててもらうとしたものです。引き渡したのは、サトウ食品のパックご飯（3万9千パック）、はごろもフーズのツナ缶（1万5,600缶）、

図表1-15　被災地の店舗の状況				
7月8日	人吉店	スーパー ディスカウント店 コンビニ	イズミ本店・マルショク人吉店 ダイレックス人吉店 ローソン　　　　：２店舗 セブン-イレブン：２店舗 ファミリーマート：１店舗	人口20面
	球磨村	コンビニ	ローソン１店舗	
	芦北町	スーパー	ロッキー芦北店（店の前でパンと飲料水販売） マルショク芦北店	
		ホームセンター	ナフコ芦北店 コメリハード＆グリーン芦北店（８月上旬再開）	
		コンビニ	セブン-イレブン３店舗	
7月12日	スーパー開店		豪雨で被災した芦北町花岡のヒラキがいち早く再開にこぎつけた。地元の人は肉や魚、野菜類が手に入りにくかったので助かりますといった。	社会28面

資料：熊本日日新聞記事より奥田和子作成

缶詰パンなどです。在日ウクライナ大使館職員の試食を通じ、支援物資を何にするかを判断したといい、同大使館に寄贈された医薬品なども届けました。

出典：共同通信社　2022/05/13 05:18 ネット記事

　あらかじめ、大使館側が味見をしてから送るということは大切なことです。ウクライナの人々の主食はパンだとしても、新たに米を食べるチャンスが生まれることはいいことだと思われます。日本においても被災者の乳児用に液体ミルクが国外から支援されました。外国からの支援はなによりも嬉しいものです。

G 災害食とは

(1)日常の食事を室温で保存できるのが災害食

　災害食を選ぶときのポイントはまず、ふだん食べ慣れているものである、自分の好きなものであるということの2点が重要です。この2つは、自分にとっておいしいものにちがいありません。これを基本に備蓄すれば、災害時でもおのずと元気が出ます。体が元気であれば心も元気になる。ふだん通りで良いのです。食欲、睡眠、排便の3拍子がうまくいけば、災害時の生活は快適になる。思い通りにいかない場合は困ります。

　ここで注意点をまとめると、

　その1　いくら好きとはいえ、同じもののくりかえしでは飽きる。変化がほしい。そのためには種類を増やし、目先を変えるための工夫をしたい。

　その2　冷蔵庫や冷凍庫保存ではなく、日常暮らしている自分の部屋に置けるものを選びたい。店で買うときに普通の棚に置いて売られているものが適している。保冷庫や冷凍庫に置かれているものは不適当（図表1-16）。

　たとえば鮭の場合、シーチキン缶、レトルト袋入りは良いが、鮭の刺身や甘塩鮭の切り身は日持ちしないので、備蓄食品としては不適当。常温の棚（25℃程度）に置いてある食品を選ぶ。チョコレートやアメなどは高温で溶

○	✕	✕
普通の棚にある	冷凍庫にある	保冷ボックスにある
ジャムの瓶	調理済みそうざい	チーズ

図表1-16　災害食を選ぶ時のポイント

ける場合があるので、日差しの強いところに置くのは避けます。賞味期間は約半年以上が目安となります。

⑵ 非常用持ち出し袋に入れるもの

① 非常用持ち出し袋は何のため？

あなたは避難訓練で、非常用持ち出し袋を背負って避難場所へ行きますか？ せっかくの訓練ですから、本気になって非常用持ち出し袋を背負ってみましょう。深夜に地震の警報が発令されることも想定されるので、夜間の避難訓練も必要です。停電という最悪の事態も想定しましょう。夜道は暗く危険なので、懐中電灯を各自持ち細心の注意を払いましょう。雨や暴風の可能性もあります。自宅にとどまるか避難するか、適切な判断が必要です。私の住まいは海辺で、南海トラフ巨大地震時には4mの津波が来るといわれています。山の方向へ逃げなければなりません。警報が出てから非常用持ち出し袋を探して食料を詰め合せ始めるのでは遅すぎます。自分が持てる重量で、持ち出しやすい場所に置き、歩きやすい靴と外とうを準備して足早に家を後にします。

熊本地震では、熊本県は図表1-17の市町に対して、避難所に来るときに持参してほしいものを市町民に要請し新聞記事で知らせました。

② 非常用持ち出し袋に入れる飲食物

非常用持ち出し袋の中身について、ここでは食べ物と飲み物に限定して考えましょう。もちろん、生活上で必要なものはその他にいろいろありますが、3日間ぐらいの必要量に限定して考えてみましょう。さて、どれだけの重量のどんなものを袋に入れますか？

私の非常用持ち出し袋の中身を図表1-18で示しました。なるべくゴミの量が少ない軽いものを選びたいものです。何を入れるかよりも、その前に自分の持てる重量をまず考えましょう。私は再度の実験の結果、3kg前後しか持てないことがわかりました。そこで重量を絞り込んで3kgを目標にしました。

重量を考えたあと、内容を吟味しながら適正化を図ります。

「避難所へ来るときに（なるべく）飲食物を持参すること」という通達を出した自治体

		人口	避難所の数	食料と飲料水	食料のみ
市	八代市	12.7	65	○	
	玉名市	6.7	4	○	
	山鹿市	5.2	8	○	
	合志市	5.8	19	○	
	人吉市	3.3	8		○
菊池郡	菊陽町	4	11	○	
	大津町	3.3	33		○
玉名郡	長洲町	1.5	7	○	
	和水町	1	2	○	
	南関町	0.9	8	○	
	玉東町	0.5	3	○	
葦北郡	芦北町	1.7	21	○	
	津名木町	0.4	3	○	
天草郡	苓北町	1.7	4	○	
阿蘇郡	小国町	0.7	5	○	
八代郡	氷川町	1.2	4	○	

資料：熊本日日新聞　2016年4月17日 生活面記事より奥田和子作成
注 ：人口は熊本県推計人口調査年報（平成27年9月1日）、単位万人。

洗面関係（いずれか）	歯磨きガム
	マウスウォッシュ
	ハンドタオル
	ブラシなど
食器関係	**紙皿**
	ラップ
	ビニール袋
	マイ箸
	スプーンなど
衣類関係	着替え（寝着など）
薬関係	虫刺され用薬
	切り傷手当
	常用薬・持薬
	包帯など
衛生用品	〈幼児〉おむつ、おしりふき
	〈高齢者・病者〉おむつ
	〈女性〉生理用品
	汚物入れ
	ティシュ
トイレ関係	**簡易トイレ（使い捨て）1日6～7回**
	トイレットペーパー
	使い捨てタオル
その他	貴重品、現金など

食べ物に関するもの

・軽くてゴミが少ない

・封を開けたらすぐ食べられる

・汁が残らない

・食べ慣れている

・適量で食べ残しがない

・栄養バランスが摂りやすく質が高い（栄養豊富）

・腹の足しになる

・心の足しになる

・飲み物は1日3L＝3kg、背負えなければ分量を減らす

・飲み物は水と決める必要はない（熱中症予防の機能性飲料など）

7 自宅避難者に必要な食

　避難所とは何か？ たとえば、東京では避難所と呼ばれるのは、市・区・町・村によってあらかじめ指定されている避難施設のことです。災害発生時、避難者に安全・安心の場を提供する目的で、区長・市長・町長・村長が開設・管理・運営します。対象者として次のような人々が想定されています。

出典：避難所運営ガイドライン・平成28年4月（令和4年4月改定）内閣府防災担当

> **⑴災害によって現に被害を受けた人**
> ・家屋の崩壊などによって、自宅では生活できない人
> ・水、食料、生活物資などが不足するため、自宅では生活できない人
> **⑵災害によって、現に被害を受けるおそれがある人**
> ・避難勧告・避難指示が発せられた人
> ・（避難勧告・避難指示は発せられてなくても）緊急に避難する必要がある人

　災害時における避難所は、自宅が全壊し安全な居場所がなくなった人たちのためのものです。万一、自宅が崩壊を免れた場合は在宅しなければなりません。また、自宅が危険な状態でも屋外に出て避難所に行くのは危険と判断した場合には、自宅に留まるほうが賢明な選択もあるでしょう。厳しい判断を迫られることは間違いありません。とくに、単身高齢者の場合は深刻です。とはいえ、自宅避難者も電気・ガス・水道は停止し不便です。

　発災初期段階における避難所と自宅避難の両者について考えてみましょう。
・避難所では人材不足で、食料や飲み物の分配などは難しく、自給自足・自助を覚悟しなければならない状態。在宅者では、備蓄がない場合、誰かに物資を届けてもらうことはほぼ不可能。
・コロナ禍中では避難所は密集を避けるために避難者を制限している。人手

が足りず、自宅待機者に救援物資を届ける配慮をするには無理がある。

・とくに、自宅待機者で持病のある人、高齢者、乳幼児、アレルギー対応者などは特別な食事が必要なので公助を期待することはほぼ不可能にちかい。周辺の店舗が閉まる場合も多いので、自己防衛策を強め独自のローリングストックを入念にしたい。

・飲食物が手元に尽きた場合、日頃から仲間同士で互いに助け合える仲間づくりが大切。共助が唯一有効な手段。

・災害は長期化する場合も多く3日間では終わらない。

コラム①

入れ歯に名札！？

　甚大な被害をもたらした東日本大震災では、身元確認作業が難航しました。このとき決め手となったのは「歯型」。岩手、宮城、福島の3県で歯型により身元が特定された人は全体の約8％に上り、指紋・掌紋、DNA鑑定を大きく上回りました。

　災害時の身元確認迅速化のため、名札付き入れ歯にしておくと役立ちます。

名札付き入れ歯
（2次元コード）
で身元特定

◀入れ歯に装着された、氏名が書かれたプレート
和田精密歯研㈱

〈参考〉日本歯科医師会「身元マニュアル」より抜粋

　平成24年、死因究明関連二法が成立し、全国の警察歯科医の積年の希望でもあった、身元確認に係る歯科医師の役割がこれまでより明確になった。これは

日本歯科医師会を中心に、警察庁および政府与党等に対して継続してきた働きかけが結実したこともあるが、その実現を大きく後押ししたのは、東日本大震災において、被災県を含め全国の歯科医師会から出動した延べ2,600名の歯科医師が約5カ月間で約8,750体ものご遺体の歯科所見を採取して身元確認に貢献し、社会的な認知と評価を得たことが極めて大きい。

8 食べる・飲むと必ず出る トイレ（排泄）の問題

　被災時には、健康維持のためには食べること以上に排泄がかかわっていることが、阪神・淡路大震災時、避難所での聞き取り調査でわかりました。当時、避難所、在宅避難者ともにトイレ問題が深刻でした。水洗トイレに流す「水がない」「配管が壊れて使えない」などのためです。

　私の町は海辺に近く比較的新しい街ですが、震災時、液状化現象により半壊となりました。私はどうしていいかわからず門前でボーっと立っていました。見知らぬ人に、近くの中学校のプールに貯めてあった水をもらいに行きましょうと声をかけられ、自転車の荷台にダンボールをのせ、その内側にビニールの袋を添わせてそっと歩いて水を持ち帰りました。

　避難所の人々への聞き取り調査で、「避難所に来る前に比べて便秘気味になった」と３割以上が答えています。「ひどい便秘になった」人も７％いて、約４割が便秘を訴えました。若年層に比べて50代が５割と多くなっています。便秘の人はお腹が空かない人が多い傾向でした。また、高齢者は避難所の出入り口近くに場所取りをしていました。トイレが近いので外に出やすいよう知恵を使ったのです。しかし、外からの風が入り寒さに耐えることになりました。また、水をなるべく飲まないようにしているとのことでした。トイレが不自由なことが健康維持を難しくしていたのです。屋外に設けられた特設トイレは行列状態で使いにくく、数が足りなかったせいもあります。

　災害用トイレは大きく分けて４種類（携帯トイレ、簡易トイレ、仮設トイレ、マンホールトイレなど）あります。近年、簡易トイレが流通してさまざまな種類があります。災害直後はこうした商品は有効であると考え、１例を示しました（図表1-19）。

非常用トイレ袋 ホスケア抗菌
20枚 3,000円

避けて通れない「摂食」と「排泄」

トイレ機能停止の影響

水洗トイレ機能の停止

発災
ライフライン停止

感染源（ウィルス保持者）
（食中毒）

トイレ環境の悪化
臭い、汚い、暗い、怖い、寒い、遠い、
男女共用、数が少ない、段差がある、
プライバシーがない等

飲まない・食べない

糞口感染 ※

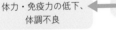
体力・免疫力の低下、
体調不良

下痢・嘔吐・伝播

健康障害、震災関連死等

資料：日本トイレ研究所
注　：※糞口感染：手洗いをまったくしない
　　　等の不潔な行為によって、腸管出血性
　　　大腸菌やウィルス等を含んだ便が、手
　　　や指を介して口に入ることによって感
　　　染すること。

図表1-19　被災地の「トイレ問題」

道路に置かれ、誰でも利用できるトイレ車は、
ボランティアにはうれしい

2017.7.5　九州北部豪雨　朝倉市杷木地区国道52号 赤谷
川沿い民家の近くの路上にて、両写真とも奥田和子撮
影

トイレの中は衛生的で、水が流れる

写真1-2　トイレ車

写真1-2はトイレ車です。九州北部豪雨災害時（2017年7月5日）、福岡県朝倉市杷木地区国道52号の赤谷川沿い民家のそばの道路上に止められていたものです。住民やボランティアが利用していました。清潔で使いやすいものでした。

　内閣府は1996年（阪神・淡路大震災発災の翌年）、避難所におけるトイレの確保・管理ガイドラインで、50人に1個のトイレを確保するように述べています。避難所ではトイレと飲み物を控え、その結果、体調不良を起こし震災関連死を招くといわれています。さらに、汚染されたトイレ環境が食中毒を誘発し、感染症の引き金になると忠告しています。しかし、その後も避難所のトイレは依然として不足状態です。近年、個人用の携帯トイレが急速に出回り始めました。トイレのたびに出費はかさみますが、行政ができないなら自助で解決するしかありません。

　今日、ロシアの侵攻を受けたウクライナのマリウポリ市では、破損された水道管から侵入したコレラ菌や赤痢菌で水道水が汚染され、それを飲んだ市民の死者が数千人にも及ぶといわれています。このように戦乱は環境破壊にとどまらず食環境をも崩壊させています。

コラム②

危機管理意識が大切！

　右は某月某日某所で起きたできごとの新聞記事です。いちばんの問題は、ドアが壊れていたまま放置していたことです。

　大災害にかぎらず、身近なところでも常に危機管理意識をもつべきでしょう。

　JA精米工場に大量のハトのフンB市のJA○○内の精米工場にハトが入り込む衛生管理上の問題があったとして、同市保健所が立ち入り調査に入ったことがわかった。

　同JAは近隣市の学校給食などに白米を出荷しており、……以降は別の納入業者やパンに切り替えると発表した。

　……JAは「数日前にドアが壊れて入ってきていた」と説明したという。

9 ペットのための備蓄

　阪神・淡路大震災では、犬猫合わせて約 9,000 匹が保護施設に収容されました。そのうち約半数あまりが健康被害に陥りました。多くのペットが飼い主と離れて迷子になりました。当時、避難所にペットは入れなかったので、被災時におけるペットの同行について問題提起がなされました。

　東日本大震災では、地震、津波、さらに原子力発電所事故が発生し、ペットが危険領域圏内に取り残されました。そこで、環境省では「災害時におけるペット救護対策ガイドライン」において、「ペットの同行避難」が議論されました。

①ペット同行避難にむけた準備

・他の人を受け入れるための日頃のしつけ

・同行避難訓練

・ペット用の非常持ち出し袋

・ペット同行時にはゲージに入れて避難し、避難所ではゲージ内で生活する

・飼い主とはぐれたときのための迷子防止策（名札）

②ペット用の非常持ち出し袋の中身

・1 週間以上のフード、犬猫用缶詰と飲み物

・予備の首輪、リード

・食器（水がなく洗うことができないので、かぶせるラップも）

・トイレ用品

・ブラシ等

・飼い主の連絡先の名札

10 外国人への支援

(1)外国人に必要な外国語表記

　訪日外国人が突然の災害に遭遇した場合、もっとも困るのは飲食です。外国人への「おもてなし」精神を売りにするのであれば、災害食に外国語表記がされていないのは困りものです。アルファー食品という会社の多くの商品は、二次元コードで作り方、食べ方を丁寧に表示しています。ここには5カ国の言語が表示されています。これは、関西空港の連絡橋が災害で不通になった過去の苦い実体験から生まれたものです。

図表1-20　ムスリムで禁止されている飲食物とハラル認証マーク

①アルコール使用物
②豚肉由来の食品（脂、皮〈コラーゲン〉）
※ゼラチンや、ゼラチンを使ったゼリー・マシュマロなど
③肉食動物（は虫類、昆虫類）、これらの副産物
④水・陸いずれも生きられるカエル・カメ・カニなどの生き物

アルファー食品　28品目	尾西食品　33品目
※袋の左下にハラール認証マーク 〔安心米〕12品 〔安心米おこげ〕3品 〔安心米クイック〕4品 　　　　　※箱に掲載 〔安心米9食セット〕 〔炊き出し用〕8品	〔アルファ米ごはんシリーズ〕8品 〔おかゆシリーズ〕3品 〔エスニックシリーズ〕2品 〔アルファ米炊き出しセット〕9品 〔おにぎりシリーズ〕6品 〔ライスクッキー〕5品

袋の左下にハラル認証マークあり

⑵宗教上の決まりで食べられない食品

　ムスリムの国々から日本を訪問していた人たちが、突然の災害に遭遇して困っている実態があります。それはイスラム教の人々には、経典（コーラン）で禁止されている食べ物があるからです（図表1 -20）。日本の献立内容は表示が不明なため選びようがなく困っているのです。そこで、災害食にハラル認証マークを付けたものがあり、イスラム教の人々はそのマークを目印にして安心して災害食を食べることができます（図表1 -21）。

図表1-21　在留・訪日外国人への対応

発売当初（1983年）より英語表記を採用

Q1. 英語表記のメリットは？
・アフターコロナで訪日外国人、在日外国人がまた増える。
・日本語表記ばかりの災害食を手渡してもわからない。
・外国語表記が望まれている。

日本での認証マーク
（国により異なる）

Q2. 今後の対応は？
・災害食で公助に多いのはアルファ化米で、これらの多くはハラルマークを表示している。
・イスラム教徒が多く来日しているので、この認証マークは必要。
・関西国際空港にもハラルマークのうどん店、日本料理店がある。

現状の災害食には、以下4点が足りていません。

その1：工夫が足りない！
　発想の転換が必要です。

その2：食べ物を生かす、無駄にしない災害食
　不足！と言いながら大量の食べ物を無駄にしています。

その3：ビタミン、ミネラル、食物繊維の不足を回避する災害食
　野菜不足を補う工夫をして、健康志向・元気回復のための炊き出しの準備をしましょう。

その4：救援物資依存症からの脱皮
　なんとかなるさ式の怠慢をやめ、自助努力で災害食の準備をしましょう。

1 被災時の食べ方、食品の選び方

(1) 被災時の食べ方、3段階

日常の食事に戻るまでの約3カ月間食べ続ける食べ物すべてを災害食といいます。被災時の食としての災害食を時系列で考えると大きく3段階になります（図表2-1）。

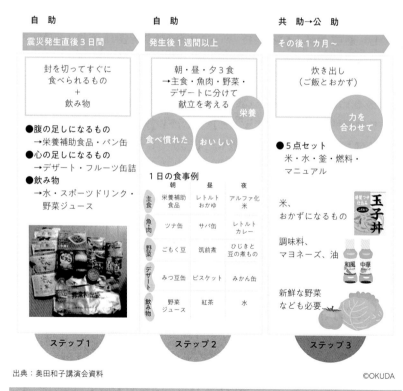

出典：奥田和子講演会資料

©OKUDA

図表 2-1　時系列で考える災害食と備蓄

①初期段階

煮炊きできないので、封を開けたらそのまますぐ食べられる災害食が好ましい。

②電気が開通した段階

ポット（湯を沸かすことができるようになり使える食品の範囲が広がる）その他、電気釜（炊飯）、電子レンジ（冷凍食品）、ホットプレート（焼く、炒めるなどの料理は水が不要なので重宝）（阪神・淡路大震災時の調査より）。

出典：奥田「役立つ電気製品」（NHK出版）

③しだいに普段の生活に戻る段階

店舗が開き肝心の食材が入手可能。普通の暮らしに戻るためには、ガス・水道が回復することが重要です。そのために長期戦で重要なのは、米などの主食に類する食材を備蓄しておくこと。主食（米、穀類）、豆、いも類など保存性の高い食材と調味料を多めに保存しておけば、自力で長期戦に備えることができるでしょう。その際、カセットコンロ、薪ストーブ等が役立ちます。

(2)飲食品の選び方のポイント
①ステップ１、ステップ２の飲食物

ストック品として何を買いますか？ 基本的には図表2-2の５つのグループにわけて考えましょう。おやつを食べない人はカットし、お酒を飲む人は別にグループを加えてください。その場合、お酒のあても必要です。これらの各グループで下記の条件を満たすものを揃えます。

・自分の好みのもので普段食べ慣れているもの
・持ち帰ったら冷蔵庫には入れないで「常温」（常温とは日本産業規格では「常温」を20℃±15℃（5～35℃）の範囲として規定〈JIS Z 8703〉しており、多くの日本の工業、生活用品、食料などのほとんどの製品や商品の規格や規則などはこの温度範囲を常温としている）あるいは「室温」に保管
・食品の品質の変化が少なく長持ちする場所に置く → 直射日光が当たらない、暖房器具や加熱器具から避ける、夏場は冷房のある部屋がよい
・長持ちするもので、約半年以上保存できるもの

② ステップ3の備蓄品

このステップは料理をすることが主体になりますので、その材料を考えます。
- 主食（米、小麦粉〈タコ焼き、お好み焼きなど〉）
- 調味料（味噌、醤油、酢、油、香辛料、マヨネーズなど）、香辛料（カレー粉など）
- 料理用のだし（昆布、かつおなど、うどんだし、鍋物のだしなど）
- 料理の助けになる中間製品（炊き込みご飯の素、寿司の素、丼物の素、おでんの素、すき焼きの素など）
- 飲み物（コーヒー、紅茶、健康茶、麦茶など）
- デザート用（ゼラチンパウダー、イースト、ココア、ジャム類など）

5つのグループからそれぞれ選ぶ

主食系	おかず：野菜系	おかず：魚系か肉系	おやつ系	飲み物系
・パックご飯 ・栄養補助食品 ・シリアル ・カップ麺 　　　　など	・ひじき豆缶 ・コーン缶 ・野菜たっぷりスープ 　　　　など	・鮭缶 ・ソーセージ缶 ・魚肉ソーセージ ・さんま缶 　　　　など	・プロテイン強化菓子 ・のど飴 ・グミ ・チョコレート ・プリン缶 　　　　など	・栄養ドリンク ・イオン系ドリンク ・ビタミン飲料 ・ゼリー飲料 ・青汁 　　　　など

©OKUDA

図表 2-2　ステップ1、2の奥田式備蓄法(車の両輪)

② 食料・飲み物の 備蓄は何日分必要か

食料の備蓄量の基本は、食べ物づくりに必要な3大ライフライン「電気、ガス、水道」がストップする期間の「長さ」を考えるとおおよその見当がつきます。

①熊本地震、首都直下地震

図表2-3に災害時のライフライン復旧具合を比較してみました。被災者の多少、人口密集度、家屋の老朽度、居住環境などさまざまな要因でライフラインの復旧の度合いが微妙に違ってきます。

首都直下地震では停電1カ月程度、ガス停止は約1カ月以上、水道断水1週間後には約8割の回復率だと考えられています。一方、熊本地震は停電1週間、ガス停止約3週間、水道断水約6カ月もかかっています。一律には決められないことがわかります。

	図表 2-3　熊本地震と首都直下地震のライフライン復旧の違い			
	熊本地震		首都直下地震	
	被害	復旧	被害	復旧
停電	45.5万戸	1週間	1,120万軒	1カ月程度
ガス停止	10万戸	約3週間	159万戸	6週間後
水道断水	39.6万世帯	約6カ月後まだ来ない	給水人口4,656万人	1週間後の断水率18%

資料：熊本地震＝熊本日日新聞記事、首都直下地震＝「首都圏直下地震の被害想定」内閣府最終報告（2013.12）

図表 2-4　南海トラフ巨大地震想定図

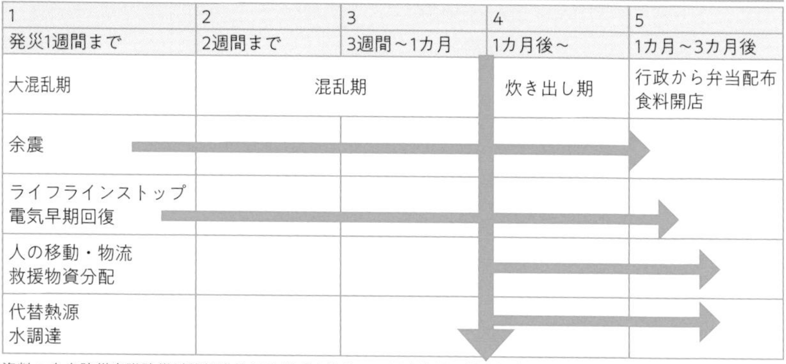

1	2	3	4	5
発災1週間まで	2週間まで	3週間～1カ月	1カ月後～	1カ月～3カ月後
大混乱期	混乱期		炊き出し期	行政から弁当配布 食料開店
余震				
ライフラインストップ 電気早期回復				
人の移動・物流 救援物資分配				
代替熱源 水調達				

資料：中央防災会議防災対策推進検討会議「南海トラフ巨大地震の被害想定 第二次報告資料2-1」南海トラフ巨大地震対策検討ワーキンググループ（2013.3.18）

電気3日まで、水道1カ月、ガス1～2カ月

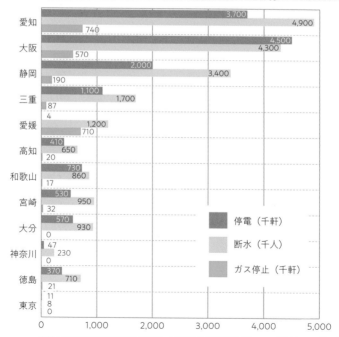

資料：中央防災会議作業部会公表データ資料2-3（冬深夜陸側ケース・津波ケース①）（2013.3.18）

図表 2-5　南海トラフ巨大地震　府県別のライフライン被害想定

② 南海トラフ巨大地震（被害想定）

　図表 2-4 は、南海トラフ巨大地震の被害想定です。このように、ライフラインの回復状況は地域によっても違います。なるべく多く備蓄しておけば災害時に飲食物がなくなるという心配や苦労がなくなります。備えあれば憂いなしといえましょう。

③ 阪神・淡路大震災

　阪神・淡路大震災では、地震発生後すぐに電気、ガス、水道が止まりました。それぞれ回復したのは図表 2-6 の通りです。これらを一応の目安にして考えてみましょう。

④ 東日本大震災

　地震発生後（3 月 11 日）、自衛隊・海上輸送で救援物資が届き始め、3 日後から炊き出しが始まっています（図表 2 -7）。被災者もやや遅れて自力で炊き出しを始めました。その後、災害救助法の適用で弁当が配られました。地震と津波に襲われた被災地ではガス、水道、電気の復旧はまったくめどのつかない状態でした。加えて、幹線高速道路の封鎖、肝心の輸送道路の寸断、

期 間	フェーズ1 1月17日 地震発生〜	フェーズ2 2月	フェーズ3 3月	回復期 4月〜
ライフ ライン	ガス不通			未復旧10%
	水道不通		復旧完了	
	電気不通	復 旧		
食料供給	混乱期救援物資	1人1日 850円 国庫助成 （朝200円、昼250円、 夕400円）おにぎり弁当 （おにぎり2つ）	1日 1,200円（朝270円、 昼 350円、夕 580円） 幕の内弁当	
店舗 （食料・飲料）	閉 店	開き始める（物品不足、とくに生鮮食品が不足）		
炊き出し ボランティア	—	開始活動		炊き出し止まる ボランティア解散 26日

出典：奥田和子『震災下の食 神戸からの提言』NHK出版（1996）
注　：神戸市、芦屋市、西宮市の状況。

図表 2-6　阪神・淡路大震災の場合食を取り巻く環境

通信手段の遮断、車の移動に欠かせないガソリンの不足で救援はままならない状態でした。すべての障害が一気にのしかかったのです。このような災害との戦いには、命を救うことさえ難しいように思われました。命さえ助かれば、その後は何とかなるという思いです。

図表 2-7　東日本大震災での食の実態

ステップ	被災後	支援				コンビニ店	自力炊き出し	災害救助法 弁当など	避難生活者概数	対応
		自衛隊	海上輸送	救援物資	炊き出し					
1	発災3日後 (3/14)	○	○			×		×	?	空白をなくす (備蓄食品必須)
2		継続	継続	○		×		×	55万人	救援物資
3	3/14〜 末日まで	↓	↓	継続	○	×		×	↓	炊き出し
4		↓	↓	↓	継続	×	○	●	18万人	災害救助法による 市町からの供与
5	4月初〜 中旬	↓	↓	↓	↓	×	継続	継続	16万人	ストアー開店
6	4/23	↓	↓	↓	↓	○	↓	↓	14万人	

出典：奥田和子『東日本大震災からの学び―飲料水と食料の不足―』（Kewpie News 第450号）キユーピー㈱広報室（2011）

③ 家庭備蓄の3法則

図表 2-8　家庭の備蓄 3 原則

　家庭での備蓄の 3 法則は「分散、分類、ローリングストック」です（図表 2-8）。

① 分 散

　備蓄場所は家屋の各階に置くのが望ましいでしょう。しかし、津波や豪雨による川の氾濫の心配があるときは、備蓄食品を 1 階に置くのは避けたいものです。津波の高さにもよりますが、なるべく最上階に置きます。平屋の場合は高台に住む友人の家を頼って災害食を置かせてもらうのが良いでしょう（図表 2-9）。

② 分 類

　それぞれを使いやすいように分類します。箱、かご、引き出しなどに分けて入れます（図表 2-10）。

　ストックは最低 7 日分ぐらい必要です。1 日 3 食の人は 3 食× 7 日分＝ 21 食必要ですね。そこで、図表 2 -11 のような方法で分類するとわかりやすいです。買ったものは 5 つの箱に分類して保管します。これには次の効果が期待できます。生活の知恵というものです。

・1 つの箱から 1 つずつ取って食べると栄養が偏ることなく健康を保ちやすい

・子どもでも食べ方の要領がわかり、親がいない場合でも偏りなく食べられる

図表 2-9　分　散

飲食物の備蓄場所で起こる不都合な具体例

災害時の不都合	状況	対　策
人的被害	停電でエレベーターが止まる 人手で運ぶ労力	人手を考慮
運搬困難	運搬のために台車などが必要 別棟から運ぶのは重労働で時間、手間がかかる	近場に置く
建物の崩壊・浸水	地盤沈下、全壊、津波による流出などで使用不可	安全な建物
飲食物の劣化	室温25℃、湿度3％が最適 温暖化で室温が上がりやすいので室温管理に留意	クーラー
地下倉庫	大地震の場合、飲食物の利用不可	地下を使用しない
つまみぐい	いつの間にか数量減少 管理不行き届き	管理強化
衛生管理	ねずみなど害虫による被害 管理不行き届き	衛生強化

家庭での分散備蓄

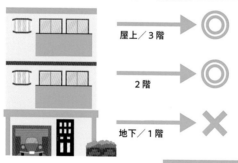

屋上／3階　◎

2階　◎

地下／1階　✕

津波の心配がある地域
2階以上での備蓄が望ましい

部屋の中の置物が横転する
置物の下敷きになる可能性あり
→危険性が少ない階や場所に移動

備蓄品をまとめられない
リビングや寝室に分けて備蓄

出典：奥田和子（災害時の備蓄場所講演資料）

©OKUDA

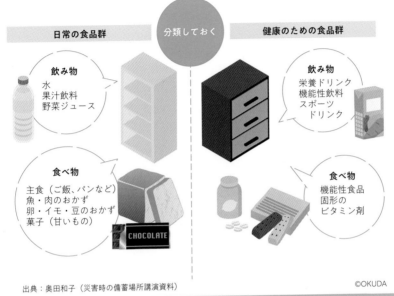

出典：奥田和子（災害時の備蓄場所講演資料）　　　　　　　　　©OKUDA

図表 2-10　分　類

出典：奥田和子（災害時の備蓄場所講演資料）　　　　　　　　　©OKUDA

図表 2-11　5つのグループに分けて保管する

・減り具合が一目でわかり管理しやすい

・箱・段ボール、カゴなど重ねるのも、引き出しに入れるのもよい

・紙皿、マイ箸、スプーンなども、津波などに持ち逃げされず土砂をかぶらないですむよう、1階より2階に置きたい。

　たとえば、主食のカップ麺を7つ買う場合、同じものを買うか種類を変えるか迷います。洋服の場合を考えると、同じ色の服を繰り返し着る人と日によって違う色を着る人がいます。これは個人の好みで自由です。ただし、不慣れな場合は、試しに違う種類を買って食べ比べてみる方法をお勧めします。

③ローリングストック

　備蓄用に買ったものは早速、不都合はないか食べてみましょう。食べると品物が減るので適宜買い足し元の数に補充します。不都合な点があれば、補充時に別の品物に買い替えることを繰り返します。そして、常時、元の数量になるようにしておきます（図表2-12）。これは取りも直さず、災害時に食料や飲み物がないという危険性を避けるためです。災害時に運悪く全部食べてしまってゼロの状態にならないことが肝心です。押し入れなどに保管していて賞味期限が切れていたという事態を避けることにもなります。

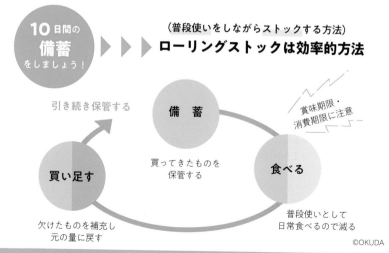

図表2-12　ローリングストック

4 おかずとは？

(1)おかずは必要？

　「おかず」は日本独特の言葉です。これは「ご飯」と「おかず」というふうに２つが対になって使われます。「ご飯」は白飯にあずき、野菜、牡蠣、イモなど加えて炊くいわゆる「御飯もの」のほか、「すし」「うどん」「粉もの（団子、餅、お好み焼き、たこ焼き）」が加わります。今でいうところの「主食」にあたるものです。

　そもそもおかずとは何でしょう？　その前に、「庶民の食事とは」という内容をみてみましょう。『日本の食生活史』（渡辺　実、吉川弘文館 1986 年）によると、まず、主食の米が書かれていて、つづいておかずは副食と書かれています。以下抜粋です。

副食

(1)植物性のものが最も多い。葉菜・根菜・豆類のほかに、春には木の芽、若草、秋には木の実、茸などを、煮るか焼くか、漬物にするか、生のままでも食べた。

(2)動物質は海岸地方では新鮮なものが使われたが、海岸から遠いところは塩物か乾物であり、このうち北海道の鮭・鱒・数の子は全国的に利用された。しかし、このようなものを食べるのも平常は稀であって、多くは正月・盆・村祭りなどに食べる食品であった。

副食物

(1)家庭で作るものには、天ぷら・味噌汁・すまし汁・あえ物・漬物などが用いられた。

(2)街で売る加工食品には佃煮・煮豆・納豆・コロッケ・フライ・鮭・鱒の塩漬け・豆腐・肉類・魚介類などがあり、主婦が調理する労力をはぶく利点があるので、家庭だけでなく、学生や勤め人の弁当の副食に利用された。

また、『今も伝わる大阪のごはんとおかず』（宮本智恵子編著、創元社 1984 年）には以下の記述があります（抜粋）。

> 一方「おかず」とは、汁もの、煮もの、蒸しもの、あえもの、酢のもの、つけもの、佃煮、梅干しなどです。さらにプラスすると鍋もの、揚げもの、焼きものなどがあります。今でいうところの「副食」にあたるものです。

⑵おかずについての誤情報

東京都発行の防災ブック『東京防災』を参考にした記事が、ある新聞に繰り返し掲載されています。それによると、「おかず」という考え方は主菜のみです（図表 2-13）。

主菜だけで副菜がないのです。災害時に被災者がいちばん食べたかったのは「野菜」と述べた過去の災害の反省を無視しているのはおかしい。なぜか、理由がわかりません。

主菜の次に副菜と書き、具体的にひじきの煮物、切り干し大根の煮物、野菜の五目煮、根菜の煮物などと書かねばならないのに、それが省略されています。過去の知見が生かされていないのです。

図表 2-13　家庭の備蓄品リスト（例）

水	1 人 3L／日	
主　食	無洗米、レトルトご飯、即席めんなど	1 人 3 食／日
主　菜	サバのみそ煮などの缶詰、レトルト食品	
副　菜✘	根菜の煮物、イモのサラダ、野菜の五目煮など	抜けている
缶　詰	果物、小豆など	
~~チーズやかまぼこ~~✘	~~（加熱不要な食品）~~✘	要冷蔵品なので不適当
菓子などの甘いもの		
野菜ジュース		
栄養補助食品	カロリーメイト、ソイジョイなど	
調味料		

×印は筆者記入。
4 人家族で 3 日～ 1 週間は日常的に使い一定量を保つ。ほかにも家庭に合ったものをそろえる。
『東京防災』東京都総務局総合防災部防災管理局（2015）

資料：産経新聞（2022.5.25生活15面）

⑶おかずはどのくらい食べるべき？

　災害食の中でご飯ものといえば五目ご飯がありますが、これにおかずが要るのかどうか？

　行政の備蓄例では、おかずは付いていないのが通例です。しかし、これは大きな問題です。ご飯の中の乾燥野菜を選り出してみると８ｇ、それを熱湯で戻すと生重量21gです。野菜の分量は21gしか入っていないのです。１日の摂取目標が350ｇとすれば、わずか６％しか摂れていないのです（図表2-14）。当然ながら野菜330ｇのおかずが別途必要ということになります。これで、災害時には野菜不足になり体調を崩すことになります。

　おかずは、食卓では図表2-15のような配置になります。食器も配置も決まっています（次頁）。左手前にご飯、右に汁物。真ん中の空間に酢の物または和え物、向こう側左に煮物、右に焼き物を置きます。これが食べやすく美しいからです。緑色は主に野菜で、ほか豆腐やきのこ、納豆、油揚げなど植物性のものを盛りつけます。１日の野菜の必要量は350ｇですから１食分は約120ｇ（大きめの卵２個分）になります。汁の実に約20g（豆腐とオクラ）、酢のものとして約20g（キュウリ、ワカメ）、煮物約80ｇ（油揚げ、白菜）、合計で120ｇになります。

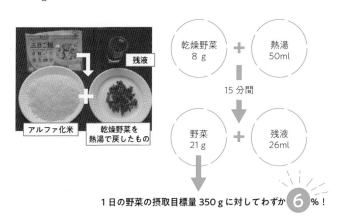

©OKUDA

図表 2-14　五目ご飯の具野菜の量

摂取すべき食品の分量（20代男女）を見ると、魚・肉：野菜＝1：2.5の重量比で食べるようになっています（図表2-16。さらに、果物200g、穀類300〜400ｇ（米は1人2合とすると300ｇ×15日分＝4.5kg必要）。魚・肉：野菜・豆・いも＝1：3.7、魚・肉：野菜の重量比は1：2.5です。野菜に豆製品やイモを含めると550gになります。一方、魚か肉の料理は約150ｇ。魚・肉よりも野菜

和食を基本にした災害食を！
和食は1汁3菜の優れた健康食

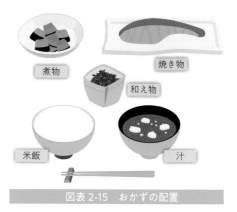

煮物

焼き物

和え物

米飯

汁

図表 2-15　おかずの配置

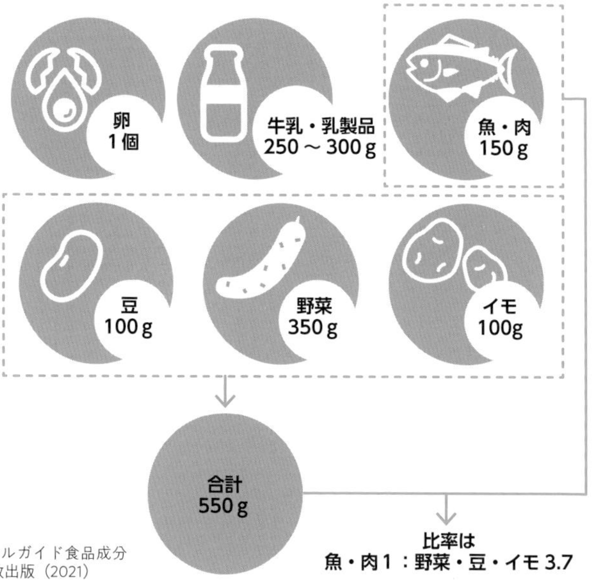

卵
1個

牛乳・乳製品
250〜300ｇ

魚・肉
150ｇ

豆
100ｇ

野菜
350ｇ

イモ
100ｇ

合計
550ｇ

比率は
魚・肉1：野菜・豆・イモ3.7

資料：『オールガイド食品成分表』実教出版（2021）

図表 2-16　摂取すべき1日分の食品の分量

図表 2-17　阪神・淡路大震災後の災害食・おかずの出現内容

商品名	賞味期限	特記事項	メーカー	発売年度	災害時期
そうざい缶：きんぴらごぼう、ひじき、ごもく豆、切り干しだいこん、まめこんぶなど	3年	12種	ベターホーム㈱	1995	阪神・淡路大震災以前
すりおろしりんご	3.6年	災害弱者向け	ベターホーム㈱	1995	阪神・淡路大震災以後
野菜のスープ	3年	コーンポタージュ他4種	ベターホーム㈱	1995	
アンパンマンカレー	2年	ルータイプ他、ハヤシポーク、1歳ころからの離乳食3種	永谷園㈱	2003	
ビーフカレー	3.5年		ホリカフーズ㈱	2004	
みそ汁缶	3.5年		ホリカフーズ㈱	2007	
ウインナーと野菜のスープ缶	3.5年		ホリカフーズ㈱	2005	
調理不要ユニフーズ	7年	ザ・カレーライス他8種　A27	非常食研究所㈱	2005	
ハンバーグ煮込み	5.7年	他魚・肉5種	アルファフーズ㈱	2005	
さつま芋のレモン煮	5.7年	他1種類、ソフト金時煮2種　A27	アルファフーズ㈱	2005	
肉じゃが	5.7年	他2種類、野菜3種	アルファフーズ㈱	2009	
ポテトツナサラダ缶	3.5年		ホリカフーズ㈱	2010	
ミルクスティック	5年		尾西食品㈱	2012	東日本大震災以後
野菜一日これ一本	3.5年	1日分の野菜350g含有	カゴメ㈱	2013	
おでん	5.7年	塩分、カロリー控えめ	アルファフーズ㈱	2014	
野菜たっぷりスープ4種	3.5年	カロリー控えめ・無添加4種	カゴメ㈱	2014	
野菜一日これ一本　長期保存用	5.5年	1日分の野菜350g含有	カゴメ㈱	2015	
LLヒートレスシチュー 温めずにおいしいシチュー	5年	パンの缶詰等と食べる	ハウス食品㈱	2017	熊本地震以後
野菜たっぷりトマト、かぼちゃ、豆のスープ	4年	賞味期限延長3.5⇒5.5年	カゴメ㈱	2017	
野菜たっぷりきのこのスープ	5.5年	賞味期限延長3.5⇒5.5年	カゴメ㈱	2017	
ホワイトシチュー	5.7年	A27	アルファフーズ㈱	2017	
ビーフカレー	5.5年		ホリカフーズ㈱	2018	大阪北部地震
野菜たっぷりトマト、かぼちゃ、豆のスープ	5.5年	賞味期限延長4⇒5.5年	カゴメ㈱	2020	台風21号（関西空港等）

出典：奥田和子、水谷 好「阪神・淡路大震災以後、災害食はいかに変貌を遂げたか25年間の軌跡と進展」日本災害食学会誌VOL.8　No.1（2021）

の方が摂る分量が約4倍多い。野菜こそ主菜なのです。

⑷野菜の災害食

　野菜の災害食は、レトルト、缶詰などに根菜類、豆類、イモ類、コーン等さまざまあり、一例をあげておきます（図表2-17）。また、図表2-18に中学生（神戸市立湊川中学校生徒248人）が考えた被災時のための備蓄（非常持ち出し袋の飲食物を食べた後の3食1週間分）をあげておきます。おかずとして、野菜のおかずと肉か魚のおかずを書いています。アルファ化米を主食にしている場合でもおかずが2種類書かれていることをぜひ参考にしていただきたいと思います。

図表 2-18	中学生が考えた災害食トップ10位に依拠した献立				

発災4日目からの3日間の献立

	主食	魚・肉のおかず	野菜のおかず	おやつ	飲み物
4日目	缶入りパン	ツナ缶	サラダ缶	ビスコ	日本茶
	おかゆ	肉の缶詰	コーン缶	チョコレート	野菜ジュース
	アルファ化米のエビピラフ	サバ缶	野菜スープ	アメ	日本茶
5日目	グラノーラ	魚肉ソーセージ	野菜ジュース	クラッカー	野菜ジュース
	かゆ	肉の缶詰	きんぴらごぼう	ビスコ	フルーツジュース
	アルファ化米のドライカレー	煮魚、焼き魚の缶詰	煮豆	フルーツ缶	水
6日目	缶入りパン	鮭缶	サラダ缶	ビスコ	紅茶
	クラッカー	焼き鳥	野菜ジュース	プリッツ	日本茶
	アルファ化米の白飯	ハンバーグ	漬物	生鮮フルーツ	野菜ジュース

出典：奥田和子「中学生が考えた「自分好みの災害食」国・自治体が広報する災害食とのギャップをどう埋めるか」日本災害食学会誌　VOL.4 NO.2（2017）

⑤ 弱者へ災害食を
カスタマイズ

図表 2-19　災害時に配慮を要する者（要配慮者）の食べ物一覧

質的制約	低タンパク食品を望む	腎臓疾患、人工透析、糖尿病腎症など
	アレルゲン不使用を望む	食物アレルギーがある人
	食べ物に限定がある	宗教的制約、イスラム教徒など
	食べ物摂取にかかわる病気や機能障害がある	嚥下困難者など、病気に対応した食事
年齢的制約	乳児－ミルクを望む	ミルク・アレルギー疾患用ミルク
	乳幼児－離乳食を望む	月齢による区分あり
	高齢者－健康志向・嗜好性、適応食品を望む	減塩、小食、脂肪の少ないさっぱり味など
妊産婦	多くの栄養量の確保を望む	厚生労働省によって妊婦、授乳婦の目安量が定められており、自分＋子の栄養素が必要
高エネルギー食	4,000Kcalのエネルギー確保を望む	消防署員、警察官、自衛隊員など

©OKUDA

　図表 2-19 に被災時の要配慮者を示しました。被災者はみな同じではなく特徴的・固有の食べ物をほしがっていることがわかります。それぞれの要求に配慮しなければなりません。

　被災者は、見当違いの食べ物をもらって不満を持っている場合があります。不適当な食べ物をもらった場合、食べずに我慢しているのです。

(1)乳幼児

　まだ歯が生えていない段階では母乳またはミルクしか飲めません。ミルクの場合は飲みやすいよう体温に近い状態（人肌）に温めます。災害時は肝心のミルクがない場合があります。ミルクは命綱ですからしっかり備蓄しましょう。災害時は、ガス・水道・電気が使えないので洗浄・加熱殺菌などが不十分になりがち。衛生面で十分注意が必要です。その点、近年出回り始めた液体ミルクは助かります。

　2 歳 6 カ月頃になると乳歯は合計 20 本生えそろうことでしょう。成長段

階別に、6カ月の初期（ごっくん期）、7～8カ月の中期（もぐもぐ期）、9～11カ月の後期（かみかみ期）に分かれていて、母乳やミルクだけの乳児が初めて食べ物を口にすることになります。この時期の幼な子が災害時に食べ物がないという事態は避けたいものです。とくに、アレルギーの子どもには注意が必要です。月齢ごとに離乳食の内容が違うので、災害時が長引くと各自での対応、すなわち自助が困難になります。公助の出番が待たれます。

熊本地震では、避難所で幼児が食べる適切なものが配られていませんでした。幼児はビービー泣きわめく。そこで知恵を使ったある栄養士さんが、鍋に米の粉と野菜ジュース、食塩を少量入れて溶き、火にかけトロっとなるまで煮て紙コップに入れて配りました。救援物資は元気な大人向けのものが多いのですが、むしろ本当に困り果てた弱者に手厚くしてもらいたいものです。

⑵アレルギー対応食

食品アレルギー物質の食品表示は食品生産者側の義務です。

アレルギー反応により、じんましん、下痢、嘔吐、咳、呼吸困難、くしゃみなどのさまざまな症状がでます。

とくに、アナフィラキシーは急性のアレルギー反応で、卵、牛乳、小麦、ソバなどのアレルギー原因物質を食べたとき、短期間に以下のような症状が出ます。

・皮膚の症状（じんましんなど）

・呼吸器の症状（息切れなど）

・粘膜の症状（くちびる、舌、口の中の腫れなど）

・血圧低下、腹痛、嘔吐など

災害時は炊き出し、市販品の持ち込みなど原料不明な食材の場合があるので一段と注意が必要です。

誤食を防ぐには、災害時に配られた食べ物の中にアレルギー原因物質が混ざっていないようにすることが大切です。そのためには、食品や飲み物の内容表示・印刷が重要です。

アレルギー表示が義務化された7品目と表示が推奨された21品目、計28

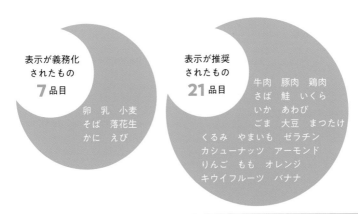

表示が義務化
されたもの
7 品目

卵　乳　小麦
そば　落花生
かに　えび

表示が推奨
されたもの
21 品目

牛肉　豚肉　鶏肉
さば　鮭　いくら
いか　あわび
ごま　大豆　まつたけ
くるみ　やまいも　ゼラチン
カシューナッツ　アーモンド
りんご　もも　オレンジ
キウイフルーツ　バナナ

図表 2-20　アレルギー表示が義務または推奨されている食品

品目を図表2-20に示します。

　多くの食品表示を見ると「28品目含まれていない」「この食品には小麦と卵とリンゴが含まれている」など、ていねいに表示されています。さらに、「同じ製造ラインで小麦と卵とリンゴの製造を同時に行っている」と記載されている場合、3つの食品は要注意で、混入のおそれがあると注意を促しています。アレルゲンの表示は「ていねいに大きい文字で明瞭に」表示してほしいものです。

(3)妊婦・授乳婦

　妊婦・授乳婦は、お腹の子(胎児)が栄養を必要としています。授乳婦の場合、母乳であれば当然普通以上に栄養を摂らなければなりません。図表2-21で、

図表 2-21　妊婦、授乳婦の推定平均＋必要量

	妊婦			授乳婦
	初期	中期	後期	
エネルギー（kcal）	50	250	450	350
たんぱく質（g／日）	0	5	20	15
マグネシウム（mg／日）	30			—
ビタミンA（μgRAE／日）	0	0	60	300
葉酸（μg／日）	240			100
ビタミンC（mg／日）	10			45

資料：文部科学省「日本食品成分表（八訂）」

数字は「＋（余分に必要）」という意味です。妊婦の場合、初期よりも後期に値がとくに大きくなっています。表では必要な他の栄養素を省略しています。ただ、"つわり"やストレスなどで食欲が低下し、食事が十分に摂れないというマイナス面もあります。なるべく災害時の心配を少なくし、気持ちを安静にするよう心掛けなければなりません。避難所では、混雑した状態から避けて別室を用意して、安静にしてそっと見守ることが妊婦や授乳婦には必要です。

⑷高齢者

　推定エネルギー必要量（kcal／日）がもっとも高い中学生と高校生をピークの 100 とした比率で高齢者のそれを比較すると、75 歳以上では約 7 割程

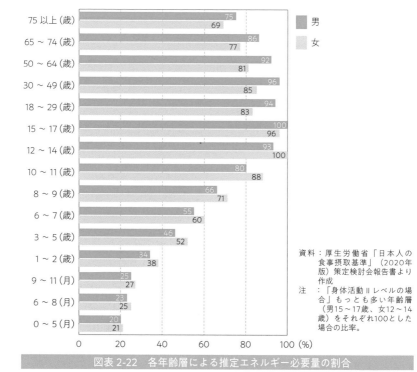

資料：厚生労働省「日本人の食事摂取基準」（2020年版）策定検討会報告書より作成
注　：「身体活動Ⅱレベルの場合」もっとも多い年齢層（男15〜17歳、女12〜14歳）をそれぞれ100とした場合の比率。

図表 2-22　各年齢層による推定エネルギー必要量の割合

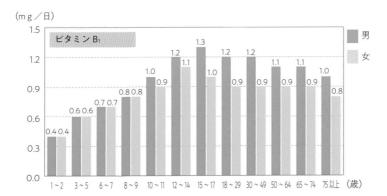

資料：厚生労働省「日本人の食事摂取基準」（2020年版）策定検討会報告書より作成

図表 2-23　年齢によるビタミンB₁の推奨量

度に減っています（図表 2 -22）。これは、8 〜 9 歳（小学生低学年）に近い
数字です。

　アルファ化米一袋を熱湯で戻した後の分量は 220 g（茶碗約 2 杯分）。避
難所でアルファ化米一袋ずつ配るのは多すぎます。子どもと高齢者用は半量
でいいのです。みな同じ量を平等に食べるというのは間違いです。男女でも
違い、女の方が男に比べて少ないのです。

　ついで、体の調子を整えるビタミン類の摂取基準はどうでしょうか？

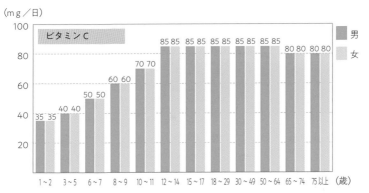

資料：厚生労働省「日本人の食事摂取基準」（2020年版）策定検討会報告書より作成

図表 2-24　年齢によるビタミンCの食事摂取基準

ビタミンB₁の摂取基準でピークを指すのは、カロリーと同じく中高生です。75歳以上の高齢者は中高生の約8割程度になっています（図表2-23）。ビタミンB₂もB₁と同様の傾向になっています。

一方、ビタミンCは高齢者といえども中高生とほぼ同じ量を必要とされます（図表2-24）。体の機能を高めるためです。

図表 2-25　年齢等による食物繊維の食事摂取基準

（g／日）

年齢等	男	女
3〜5（歳）	8以上	
6〜7（歳）	10以上	
8〜9（歳）	11以上	
10〜11（歳）	13以上	
12〜14（歳）	17以上	
15〜17（歳）	19以上	18以上
18〜29（歳）	21以上	18以上
30〜49（歳）	21以上	18以上
50〜64（歳）	21以上	18以上
65〜74（歳）	20以上	17以上
75以上（歳）	20以上	17以上
妊婦　初期		18以上
授乳婦		18以上

資料：厚生労働省「日本人の食事摂取基準」（2020年版）策定検討会報告書より作成

では、食物繊維の食べ方はどうでしょうか。高齢者に必要な食物繊維量は、一般の大人より少し低めですが子どもたちに比べると多くなっています（図表2-25）。

高齢者の場合、栄養面と同じくより大切な問題は、食べる機能の衰えに対する配慮です。口の中の動きとして「食べながら飲み込む」のが同時進行で

図表 2-26　誤嚥しやすく、むせやすい食品

かけらができる、粉っぽい	せんべい、カリカリに焼いたパン、クラッカー
水　分	水、お茶、コーヒー
繊維状	ごぼう、**もやし***、小松菜、**たけのこ***
ホクホクする、スポンジ状	**カステラ****、食パン、**焼きいも****
弾力のある練り製品	かまぼこ、ちくわ
酸っぱいもの	オレンジジュース、梅干、とろろ昆布
水分＋固形分、粉＋固形	三分〜五分粥、ラーメン、高野豆腐
口蓋や粘膜に付着しやすい	海苔、ワカメ、ウエハース、キュウリ

*噛み切りにくいもの　**唾液を含むとひとかたまりになってしまうもの、誤嚥やむせとともに窒息にも注意が必要

出典：斎藤真由『「食べる」介護のきほん』翔泳社（2021）より転載

行われていますが、これがうまくいきにくいために、支障が起こりやすくなってきます（図表2-26）。誤嚥とは食べ物を飲み込むとき、本来は食道を通るはずの食べ物や飲み物が誤って気管へ入り肺にいくことをいいます。それが原因で肺炎になることを「誤嚥性肺炎」といいます。むせる行為は、誤嚥になりそうなので気管ではなく食道へ食べ物をひき戻そうとする動作をいいます。液体や固体など原因になる食べ物はさまざまです。大口で頬張らず、少量ずつしっかり噛んで、ゆっくり飲み込むようにすることも大切です。むせる時間が長いと窒息することもあるので注意しましょう。

　喉に食べ物が詰まりやすい、食べている最中に口の中の食べ物でむせるなどが起こりやすいといった事態が起こらないようにするには、食べ物の質、料理の方法、材料の切り方、硬さ、煮え具合など細かい注意が求められます。

　阪神・淡路大震災では救援物資が「乾パン」ばかりでした。避難所には高齢者が多かったので、皆さん知恵を絞って食べておられました。たとえば缶の蓋のような器に水を張って乾パンを浸してふやかし、口に運んでおられました。被災者は往生していました。近年では食べやすさに配慮した商品（ユニバーサルデザインフード）も出回っています。図表2-27に一例をあげます。

図表 2-27　各災害時に配給された UDF

分類	商品名	賞味期限	特記事項	メーカー名	発売年度	災害時期
よりやわらかい	おいしくミキサー大学いも	1.6年	在宅向け介護食	ホリカフーズ㈱	2000	阪神・淡路大震災
	おいしくミキサーみかん	1.6年	在宅向け介護食	ホリカフーズ㈱	2004	
	おいしく繊維りんご	1年	在宅向け介護食	ハウス食品㈱	2005	
	おいしくミキサー芋きんとん	1.6年	UDF区分1	ホリカフーズ㈱	2008	
容易にかめる	おじや・鶏ごぼう	1.5年	UDF区分1	キユーピー㈱	1998	熊本地震
	がんも含め煮	1.5年	UDF区分2	アサヒグループ食品㈱	2017	
歯茎でつぶせる	けんちんうどん	1.5年	UDF区分2	キユーピー㈱	1998	東日本大震災
	やわらかビーフの牛すき煮	1年	UDF区分2	ハウス食品㈱	2013	
	根菜のやわらか煮・2種	5・7年	他1種類　スマイルケア食「黄4」	アルファフーズ㈱	2019	
	いかのムース（ごぼうつき）・2種	5.7年	他1種類　スマイルケア食「黄4」	アルファフーズ㈱	2019	
舌でつぶせる	全がゆ	1.6年	UDF区分4	ホリカフーズ㈱	1990	
	ふっくらおかゆ	3年	UDF区分3	亀田製菓㈱	2000	
	ふっくら梅がゆ	3年	UDF区分3	亀田製菓㈱	2001	
	酢豚風ムース	1.5年	UDF区分3	大和製罐㈱	2016	
かまなくてよい	おいしくミキサー白がゆ	2年	UDF区分4	ホリカフーズ㈱	2000	熊本地震
	おいしくミキサー鶏だしがゆ	2年	UDF区分4	ホリカフーズ㈱	2004	
	おいしくミキサー玉子がゆ	2年	UDF区分4	ホリカフーズ㈱	2011	
もっとやわらかい	やさしくラクケアーやわらかプリン	1年	もっとやわららかい	ハウス食品㈱	2008	
介護飲料	とろみ飲料	1.5年	5種	三和製罐製造、大和製罐販売	2014	
ゼリー飲料	ポカリスエットゼリー	1年1カ月		大塚製薬㈱	2010	東日本大震災
	カロリーメイトゼリー	9カ月	ライム味、アップル味、グレープフルーツ味・3種	大塚製薬㈱	2010	
	まもり高める乳酸菌L-137	9カ月	※現在は販売終了	ハウス食品㈱	2018	西日本豪雨（広島県、岡山県、愛媛県）
	即攻元気ゼリー	9カ月	※現在は販売終了	㈱明治	2018	
	inゼリーミックス		6大栄養素ミックス	森永製菓㈱	2019	台風21号（関西空港など）

出典：奥田和子、水谷 好「阪神・淡路大震災以後、災害食はいかに変貌を遂げたか25年間の軌跡と進展」日本災害食学会誌VOL.8 No.1（2021）

注　：ユニバーサルデザインフード（UDF）とは、日本介護食品協議会が制定した規格に適合した、食べやすさに配慮した食品。区分1：容易にかめる、区分2：歯ぎきでつぶせる、区分3：舌でつぶせる、区分4：かまなくてよい。

1 よく作り、よく食べた食べ物

(1)震災時に食べた料理

①よく作った食べ物

　震災時、「よく作った食べ物」を朝食・昼食・夕食に分けて質問したアンケート調査の結果を見てみましょう（図表 3-1、図表 3-2）。

　朝食ではおもに市販の加工品を使っています。とくに、野菜料理、魚料理（煮る・焼き）がしにくく、揚げ物料理はまったくできていません。野菜料理の

図表 3-1　震災時によく作り、よく食べた主な料理

		人	分類	計	合計
朝食	食パン・菓子パン	68	主食	92	220品
	ご飯もの	16			
	卵料理	33	おかず	**74**	
	サラダ	11			
	果物	6	果物	6	
	コーヒー	13	飲み物	48	
	味噌汁	24			
昼食	うどん・そば	24	主食	111	147品
	ラーメン	21			
	焼きそば	17			
	ご飯もの	40			
	おかず	36	おかず	**36**	
夕食	ご飯もの	12	主食	18	229品
	鍋物	31	おかず	**211**	
	焼肉（鉄板焼き）	18			
	すき焼	10			
	煮物	13			
	カレー	14			
	その他	107			

出典：奥田和子『震災下の食―神戸からの提言』NHK出版（1996）

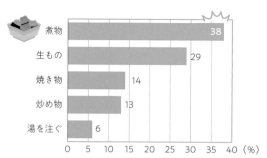

出典：奥田和子『震災下の食―神戸からの提言』NHK出版 (1996)

図表 3-2　被災家庭で多かった料理法

出現率は朝食、夕食ともに 2 割前後で少なく、昼食ではきわめて少なくなっています。野菜は洗うために水を多く使うからです。魚料理は生臭さを洗い流す水がないこと、後片付けが手間という理由があげられます。揚げ物料理は、余震を考えると火事の危険性があるためできません。野菜が炒めものに料理されることが多いのは、煮物料理のように水が要らないからです。炒め野菜にはタマネギ、ニンジン、もやし、ピーマンなど、洗い水が少なくてすむ食材がよく使われていました。葉物野菜、たとえばほうれん草は水を何度も取り換えなければならないため、災害時では使いにくい食材です。

　また、生食は料理用具がほとんど要らず片付けの水も不要です。もっとも多く食べられたものは果物、ついで豆腐、サラダと刺身の順番でした。

　卵料理は台所を汚さない利点があります。朝、昼、夕の三食で食品や調理方法をうまく使い分けていました。手作りのなかに加工食品をうまく取り入れて朝食と夕食にウエイトをかけ、昼食は簡略にしています。災害時は苦しくみじめだからこそ、鍋を囲み家族の一体感を強める工夫をしており、食事が果たす役割の大きさを実感しました。

②水を節約する料理

　料理作りでいちばん工夫したことという質問では、水とガスの供給が途絶えているせいで、水の節約に関する答えがほとんどでした（図表 3 -3）。

　水をいかに使わないで過ごすかという具体策が多く述べられ、①料理時に

水を使わない方法を考える、②後片付けでも少量の水で済む方法を考えるという２点に集約されました。これらは貴重な体験記録といえます。

図表 3-3　食事作りでいちばん工夫したこと

項目		世帯数	%
料理時の水の節約		**31**	
	水を大量に使わなくてすむ料理	(13)	35
	生野菜、生ものは避ける	(2)	
	冷凍野菜を使う	(5)	
	野菜の洗い方を工夫する	(5)	
	洗ったりゆでたりしなくてすむ素材	(6)	
後片付けの水の節約		**27**	
	洗い物を出さない工夫	(9)	31
	食器が洗えないので食器を少なく	(5)	
	食器の代わりにラップやアルミホイルを使用	(5)	
	インスタント食品、レトルト食品の工夫	(4)	
	電子レンジの活用	(4)	
栄養のバランス		**19**	
	栄養のバランスを考えて	(13)	22
	一品で食品数を多くする（豚汁、鍋物など）	(6)	
その他		**11**	
	ご飯を一度に大量に炊いておにぎりにして冷凍しておく	(2)	13
	料理・後片付け両方の水の節約	(4)	
	食器洗い後の水をトイレに	(2)	
	カセットコンロで野菜を炊く	(3)	

出典：奥田和子『震災下の食―神戸からの提言』NHK出版（1996）
注　：（　）は内数。

(2)震災時に使用した調理器具と使用頻度

　兵庫県芦屋市のシーサイドタウンは、海岸沿いの埋め立て地に立ち並ぶ高層住宅です。1995 年 1 月の阪神・淡路大震災では液状化で町全体の建物が半壊または全壊しました。同年 6 月 9 〜 19 日に 100 世帯を対象としたアンケート調査を行い、88 世帯に協力いただきました。住民の一人は「高層ビルのために揺れがひどく、テレビが部屋の仕切り壁を突き破って別の部屋に飛んできた」と話をしてくださいました。水とガスのない状況で各家庭がどんな器具を使い、どんな料理をしたのか、その実態を尋ねました（図表 3-4）。

水道とガスが停止していたときに使用した調理器具は19種類にのぼり、1世帯当たり平均6種類使っていました。よく使ったベスト5は、電子レンジ（ほぼ全員）、電気ポット、電気炊飯器（各9割）、オーブントースター、ホットプレート（各8割）でした。電気がいち早く回復したおかげで電気製品への依存度が高いことがわかります。

　電気鍋とホットプレートは、予想外に広い用途で使われていました。鍋物のほかに、汁物、煮物などをつくるときにも使われました。ホットプレートも焼肉、焼きそばといった使い方のほかに、フライパンや中華鍋代わりにも使われ、おかず（ハムエッグ、炒り卵、卵焼き、野菜炒め）、主食（お好み焼き、スパゲティ、焼き飯、ギョーザ）などにも使われていました。

　震災直後、カセットコンロに需要が高まり増産されたようですが、肝心の被災地には届きにくかったようです。ある学生は次のように手記につづっています。「わたしはその頃、大阪に住んでいたが、近くのスーパーやデパートではカセットコンロが飛ぶように売れていた。地元の人が地震に備えるために買っていたようだ。気持ちはわかるが、今困っている人たちへ優先的に回してほしいと思った。」震災時にほしかった電気器具として、電磁調理器・ホットプレート・電子レンジ・電気料理鍋があげられています。

図表 3-4　震災時に使用した調理器具とその使用頻度

	毎日使った		時々使った		その他		合計世帯
	世帯	%	世帯	%	世帯	%	
電子レンジ	75	79	14	15	6	6	95
電気ポット	87	94	4	4	2	2	93
電気炊飯器	63	73	15	17	8	10	86
オーブントースター	42	53	29	36	9	11	80
ホットプレート	18	23	43	55	17	22	78
電気鍋	16	25	31	49	16	26	63

出典：奥田和子『震災下の食―神戸からの提言』NHK出版（1996）
注　：使用頻度50％以上のもの。

２ 飽きずに食べる工夫

(1)同じ食べ物でも飽きない工夫例

　たとえば、ハンディタイプの栄養補助食品の定番、大塚製薬の「カロリーメイト」を例にして考えます。これを土台にして、いろいろな食品を合わせて七変化を楽しもうという提案です。もし、お一人でするなら食べきれず不経済なので、少量品を選んでお試しください。

　２つの作業をします。まず、カロリーメイト（固形物）を容器に移し、ほぼ同量のイオンウォーターやスポーツ飲料（液体）などを入れてしばらく放置します。すると、流動状態のクリームができます。飲み込みが悪い方にとっては、やさしい食べ物・介護食に早変わりします。そのあと、好きな食品と合わせて試食してみましょう。意外な新製品になり、別々に食べるより楽しみが一段と増えるという試みです。もちろん土台のカロリーメイトで基本の栄養が摂れます（図表3-5）。ぜひお試しください。

(2)中学生が考えた災害時の献立

　図表3-6は「封を開けたらすぐ口に入れられる」という条件で考えられた災害時の献立の一例です。この発案者は神戸市兵庫区湊川中学校の生徒たちで、1995年1月に発生した阪神・淡路大震災の被災者の2世たちです。震災に加えて火災が同時発生し、複合災害にも遭遇しました。図表2-18でも見ましたが、「被災したときの食事献立を考える」というテーマでまとめたもので、発災4～8日目までの4日間（非常持ち出し袋の飲食物を食べた後の3食）の献立です。

図表 3-5　カロリーメイトになじむ多様な食品グループ

商品名	メーカー	g	風味と香り	アレルギー物質
カロリーメイト（フルーツ味）	大塚製薬KK	20	なめらか、つややか、しっとり	卵・乳製品・小麦・大豆・アーモンド・オレンジ
イオンウォーターポカリスエット	大塚製薬KK	20	やや甘い、身近にある飲み物	該当なし
ジャム（リンゴシナモン）	長楽館	20	シナモン・白ワインの香り	りんご
フルーツミックス	はごろもフーズ	50	黄もも・パイナップル・みかん味	もも
豆と穀物10種ミックス	コープ食品KK	20	噛みごたえと芳醇な風味	小麦・大豆
野菜たっぷり　かぼちゃのスープ	カゴメKK	20	野菜（かぼちゃ）の芳醇な風味	鶏肉・小麦・大豆・ゼラチン・豚肉
バナナ	生もの	40	バナナの香りと感触	バナナ
くるくるカスタード	尾西食品KK	40	カスタードの旨味とバニラの風味	卵・乳製品・大豆
南高梅　はちみつ梅	久保農園	9	梅の酸味と塩味、引き締まった味	記載なし
おろしりんご（りんご100％）	ベターホーム協会	20	りんごの生の風味	りんご
愛媛県産レモン	ニッポンエール	13	レモンの香りと弱い苦み	記載なし

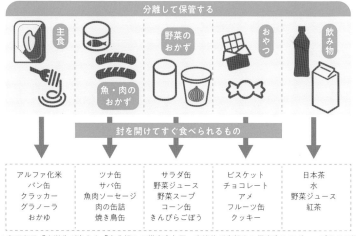

出典：奥田和子『中学生が考えた「自分好みの災害食」国・自治体が広報する災害食とのギャップをどう埋めるか』日本災害食学会誌　VOL.4NO.2（2017）

図表 3-6　中学生が考えた献立トップ10

　主食、おかず２つ（魚か肉と野菜）、おやつ、飲み物の５つのグループから１つずつ食品を選んで献立をつくります。１学年みんなが書いたものを集計し、トップ５位を選んだものです。

表中に「サラダ缶」とあります。これは、新潟県のホリカフーズというメーカーが度重なる災害にめげず災害食の研究を重ねるなかで生産にこぎつけたものです。ポテトが主体でツナを少量混ぜた缶詰です。「野菜のおかず」を独立させることが野菜を必ず摂る（摂取＝食べる）ことにつながります。野菜に「指定席」を与えることが重要なポイントなのです。

(3)同時に好みの食事を提供するグッズ

写真 3-1 は 2015 年 7 月島根県邑智地区の栄養士の方々と一緒に行った災害時の食事をつくる試みで、網の上にはいろいろな袋が載っています。この袋はハイゼックスという耐熱性の高密度なポリエチレンの製品で、キャンプ用店舗やネットで購入可能です。

各人が別々に食材を準備して切り、味付けし、袋に詰め口を絞ってしっかり結びました。それを網に並べます。下の大釜に 7 分目くらいの水を入れプロパンガスで加熱します。蒸気が立ち上り袋の中身が蒸し上がるという仕組みです。これらの中から、たとえば K 家の幼児 S ちゃんのプリンを見つけるには、蒸す前の袋に「KS プリン」という印をつけておくと見つけやすく便利です。

このようにすると、個々人の目的に合わせた別々の料理が仕上がるという発案です。料理は 1 ～ 2 人分です。鍋底に皿を 1 枚敷いて鍋の半分程度水を入れ、袋は皿の上に置き熱湯の中でボイルすることもできます。水を切らさないように注意します。

紙コップに袋の口を開いて添わせ、袋の約半分程度中身を入れます。空気を抜きながらねじるようにして中の空気を外に出し、口はしっかり結びます。空気をしっかり出すのがコツです。この袋で米を線まで入れ、水を注ぎご飯を炊くことができます。

ハイゼックに好みの食材を入れてできあがったオリジナル災害食
（島根県邑智地区栄養士会との実習例（2015.7.4））

写真 3-1　耐熱性の袋で個々人の食材を調理

③ 野菜をたくさん 摂るための方法

　図表 3-7 は熊本市益城町の炊き出しの記録です。熊本地震発災 5 日目の 4 月 19 日〜 5 月 11 日の 23 日間、総件数は 186 件です。この内容を多い順にみると、 1 位主食 34.9％で、内訳はめん類、ご飯ものの順に多く、 2 位は汁物、飲み物。 3 位はおかずもので 8 ％で、そのうちたんぱく質系が 4.8％、野菜系は 3.2％と少なくなっています。 4 位は中間食・おやつで 5.4％でした。一方でその他が 40.3％もあり、メニューの多様性を物語っています。炊き出しを提供した時間は、昼食時が最多で 52.6％、夕食 31.2％、朝食 16.1％ でした。炊き出しには燃料が不可欠ですが、熊本ではプロパンガスが品不足となり入手困難でした。燃料の事前の準備が望まれました。

　その 3 年後、北九州豪雨災害（2019.7.3）が起こりました。福岡県朝倉市は災害時の炊き出しに対して斬新な提案をしました。同市では受付窓口を 1 本化し、従来型のボランティアセンターが炊き出しに関与する方式をとりやめ、ふるさと課が炊き出しを担当しました。これが野菜を多くとる方法の出

図表 3-7　熊本市益城町炊き出しメニューの分類

	朝	昼	夕	合計	％
ご飯もの	3	8	12	23	12.4
パン類	3	7	0	10	5.4
めん類	0	19	13	32	17.2
主食合計	6	34	25	65	**34.9**
汁物・飲み物	3	7	11	21	11.3
おかず・たんぱく質系	0	8	1	9	4.8
おかず・野菜系	2	1	3	6	**3.2**
中間食・おやつ	0	9	1	10	5.4
その他	19	39	17	75	**40.3**
合計	30	98	58	186	100
％	16.1	52.6	31.2	100	

2016年 4 月19日〜 5 月11日までの23日間の記録
資料：益城町役場物資班千代田氏に面談のうえ 5 月 9 日に入手した資料を基に奥田和子作成

炊き出しボランティアについて

①汁物のみ受け付け

②月～金16：00～18：00で夕食のみ受付

③炊き出し実施予定日の１週間前までに専用窓口へ連絡

④炊き出しボランティア受付専用窓口：○○○-○○○○-○○○○

　　（朝倉市役所ふるさと課）

⑤炊き出し内容：ガス及び調理器具、食材の調達、ゴミの持ち帰りなど準備から片付けまで
担える方に限る。避難所によっては給排水が必要（自己完結型）。

⑥災害救援の一助として避難所で炊き出しをする主旨から、食品ロスの防止、避難所内の事
故を未然に防ぐため下記の要領で行うので、協力が必要。

⑦炊き出ししていただく場合の注意事項は以下の通り。

発点として注目されることとなりました（図表 3-8）。ボランティアは石川県・宮城県・全国から参加しました。地域のボランティアなども参加し、朝昼夕１日３回、毎日汁の炊き出しを行ったのです。

　炊き出しのメニューは「汁」に限定しました。汁には５～８種類の野菜が使われます。野菜には食物繊維をはじめビタミン類、ミネラルが多く含まれています。野菜のメニューが少ないとこれらの栄養素が十分に取れないということになります。野菜たっぷりの汁を用いる知恵を大切にしたいものです。図表 3-9 に、汁物にいかに多くの野菜が使われるかを示しました。

　その他、炊き出しのルールも示しています。このホームページは炊き出しの際の示唆に富む提案が多く提示されていて、参考にしたいものです（福岡県北筑後保健福祉環境事務所保健衛生課への電話取材〈2017. 10. 27〉による）。

1　市のリーダーシップの効能：ボランティアに丸投げせず、炊き出しのリーダーシップを市が発揮し広報したことが健康管理に貢献。

2　健康・栄養面の貢献：被災時に不足しがちな野菜（汁物、野菜のおかずなど）を多く摂取できる仕組み。朝倉市のホームページに示された「汁物」という広報の効果大。

3　発災直後からの３食「弁当」の配布も健康管理に貢献。

4　食中毒事件の回避：広報の内容を発災以前から担当者が準備していて、その内容が災害時の食中毒発生を防いだ。

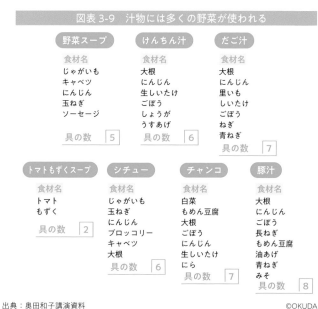

図表 3-9　汁物には多くの野菜が使われる

野菜スープ	けんちん汁	だご汁
食材名	食材名	食材名
じゃがいも	大根	大根
キャベツ	にんじん	にんじん
にんじん	生しいたけ	里いも
玉ねぎ	ごぼう	しいたけ
ソーセージ	しょうが	ごぼう
	うすあげ	ねぎ
		青ねぎ
具の数　5	具の数　6	具の数　7

トマトもずくスープ	シチュー	チャンコ	豚汁
食材名	食材名	食材名	食材名
トマト	じゃがいも	白菜	大根
もずく	玉ねぎ	もめん豆腐	にんじん
	にんじん	大根	ごぼう
	ブロッコリー	ごぼう	長ねぎ
	キャベツ	にんじん	もめん豆腐
	大根	生しいたけ	油あげ
		にら	青ねぎ
			みそ
具の数　2	具の数　6	具の数　7	具の数　8

出典：奥田和子講演資料　　　　　　　　　　　　　　　　　　©OKUDA

　熊本地震の食中毒事件を聞きおよび、発災前に準備し発災後ただちにホームページで広報しました。各避難所に直接注意事項を書いてチラシを配り、避難所に貼り各自治体に注意を促したために、県保健衛生課のリーダーシッ

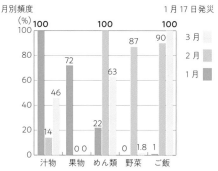

阪神・淡路大震災における炊き出し内容は月を経るごとに変化した

出典：奥田和子『震災下の「食」神戸からの提言』NHK出版（1996）

図表 3-10　阪神・淡路大震災の場合

プが功を奏しました。朝倉市の炊き出しの流儀は成功例であり、見習うべき事例です。

　このように、炊き出しは避難者のニーズ、避難所を取り巻くさまざまな自然・社会的環境の変化に適応する必要から少しずつ変化しつつあります。

　阪神・淡路大震災では、1月17日に発災してまもなく汁物の炊き出しが始まりました。それは、災害食の備蓄がまったくなかったからです。この炊き出しは避難所で行われたのではなく、ご近所同士が家から食材を持ち寄って集まり、あちこちで輪になって行われた小規模なものでした（図表3 -10）。しかし、炊き出しは、発災約1カ月後が妥当と思われます（図表3 -11）。

図表3-11　炊き出しはいつごろからするのが適当か

発災直後	備蓄がないといきなり炊き出しをしなくてはならない	➡	命を助けることが最優先なので炊き出しは不都合
約1週間後	住宅の周辺が崩壊物で散乱し、再度震災に襲われる可能性があるので炊き出しは危険	➡	火災が発生しやすい、手洗いの水がないなど食中毒の危険大きいので不都合
約1カ月後	健康を取り戻し栄養確保を望む。店舗が開き食料が求めやすくなり炊き出しをする条件が揃う。	➡	日常への回帰を望む機運が高まるので都合がよい

4 炊き出しの危険性

(1)炊き出しで食中毒発生

熊本地震（５月６日）の避難所で、被災者らが嘔吐や下痢の症状を相次いで訴えました。市の保健所は９日、避難所で配られた「おかかおにぎり」による集団食中毒と断定、黄色ブドウ球菌が検出されました。おにぎりは区内居酒屋の男性従業員が６日朝店内で握り、ボランティアとして避難所へ持ち込んできたものでした。ライフラインが停止

炊き出しのポイント　最低限以下４つは守る
①キャップ：毛髪の落下を防ぐ
②マスク：口や鼻からの汚物混入を防ぐ
③手袋：手・指から入る感染症を防ぐ
④ビブス：衣類からの汚物混入を防ぐ、仲間の確認
衛生への無関心と努力不足：衛生教育の欠如の結果守られない
資料：大和重工業㈱社員による炊き出し風景（益城町愛児園にて2016.5.8
撮影：奥田和子）

写真 3-2　炊き出し時の服装

している最中、素手で料理をすることの危険性は大きく、細心の注意が必要です。自治体によっては、保健所経由の炊き出しで「おにぎり」は衛生的見地から許可されない品目の一つとされている場合もあります。

調理場の設営、食材の購入、下調理、調理器具の殺菌、ボランティアの登録と健康状況の確認など衛生的観点からの点検と監視の厳しい管理が望まれます（写真 3-2）。

(2)猛暑が炊き出しのスタイルを変えた

広島・岡山・愛媛での 2018 年 7 月の豪雨災害での支援は、従来の手作り

図表3-12　手作りではなく市販品の利用が勧められた事例

かき氷	**市販品限定で許可**	おにぎり	**自社製品なのでOK**
カキ氷用の蜜	**市販品限定で許可**	五平餅	**自社製品での製造OK**（現地では電子レンジで加熱後たれをつけて炭火焼）
カレー	**市販品レトルト使用**	ケーキ	**自社製品OK**（すぐ食べてもらう、温度管理に注意のこと）
野菜ジュース	**市販品缶入りでOK**	カレー	移動販売車（許可有）
ブロックアイス	**市販品**	おにぎり	**自社施設で製造OK**
アイスティー	**市販品・紙パック**	うどん	**市販品**
ゼリー	**市販品で検討するように指導**	寿司	**市販品**
サラダ	**市販のパック製品**	おでん	**市販品（パック入り）**現地で袋ごと湯せんで温めるOK
野菜ゼリー	**市販品**	寿司	**自社店舗での調理品OK**
ムース、ケーキ	**市販品**		

の炊き出しから市販品の配給へと様変わりしました。

　夏季の災害として、倉敷市真備町の例をあげます。真備町では避難所での気温が30℃超えの日が続き、いわゆる猛暑でした。そこで、倉敷市保健所では「炊き出しのメニューを手作りではなく、市販品に

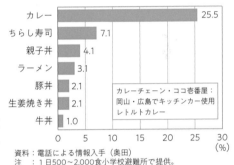

資料：電話による情報入手（奥田）
注：1日500～2,000食小学校避難所で提供。

図表3-13　炊き出しメニュー主食上位7品

切り替えて被災者に提供せよ」との指令を出しました。具体例を図表3-12、図表3-13に示します。ちなみに、倉敷市の避難所では、異常に高温の日が続いていました（図表3-14）。

(3)コロナ感染症対策が炊き出しの姿を変える

①球磨川洪水の例に学ぶ

　コロナ禍2年目の2021年7月3日に発災した熊本県天草市の豪雨災害では、翌日、商店、旅館、国宝などが水浸したなかで、地元の高校生ボランティアが青井神社の境内に入り込んだ土を取り除いていました。また、浸水住宅の泥かきでは、同市青年商工会議所青年部と天草法人会青年部会のメンバー

図表 3-14　炊き出し期間中の倉敷市の気象状況

	36℃以上	35℃以上	34℃	33℃	32℃	31℃	30℃	30℃以上	30℃未満	合計日数
7月11〜31日まで	8	5	0	0	0	1	0	14	7	21
8月	0	7	5	8	3	1	2	26	5	31
9月	0	0	0	0	0	2	2	4	26	30
計	8	12	5	8	3	4	4	44	38	82
％	10	15	6	9	4	5	5	54	46	100

資料：気象庁（過去のデータ検索より奥田和子作成）
注　：数字は日数。

が手伝ったようです。さらに、県や自衛隊は一部地域で活動し、土砂や流木の撤去作業をしました。ボランティア受け入れ開始時には、新型コロナウイルス感染症予防のため、報道機関による町内避難所での取材を県内在住者に限定すると発表しました。

　しかし、1週間後にはボランティア不足が露呈し、県内在住者限定で協力呼びかけし、スコップなどの物資支援の呼びかけもした模様です。被災家屋の片づけを担うボランティアが不足するなか、感染を防ぐため、対象を県内在住者に限定したことなどが要因のようです。運営団体芦北・津奈木広域災害ボランティアセンターによると、被災者からの支援要請をしてきたボランティアは11日午前の時点で235件に対し、ボランティアを必要としている被災者は572人でした。1件あたり数人が必要なため、同時点で500人ほど足りないと熊本日日新聞が伝えていました。

　ボランティアを県民に限定しているだけに、全国のボランティアセンターを統括する全国社会福祉協議会（全社協）は、「ボランティアによる共助が難しい中だけに、行政の公助の強化が必要だ」と指摘する記事も熊本日日新聞は報じていました。

　熊本日日新聞社会面では、「熊本地震では、延べ3万8千人、九州北部豪雨で被災した福岡県朝倉市社協では約4万6千人、西日本豪雨災害時の倉敷市社協では延べ7万6千人が参加しましたが、全社協の全国ボンティア・市民活動振興センター長を務める高橋良太さんは『全国に大勢のボランティア希望者がいるが、被災地に入れずにいる。水害は泥が固まらないうちに作業するのが原則。人手不足が続けば復旧は長期化しかねない』と懸念。被災地

図表 3-15　コロナ禍でのボランティア受け入れ

Q1 県外からのボランティアを限定するか全面的に受け入れるかどうか

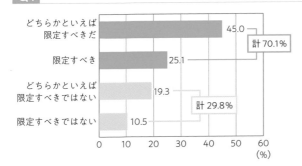

Q2 県外から受け入れてもよい支援の職種

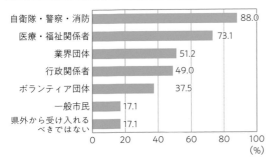

Q3 現在のボランティアの実態（すべて熊本県内に限定）はどうか

公助			共助	
	自衛隊	県建設業協会		社会福祉協議会
	消防署員	ゴミ収集業者		NPO 法人
	警察	造園業者		民間ボランティア団体
	行政の職員			高校生
				中学生：保護者同伴
				小学生：保護者同伴
				学校関係保護者
				熊本県民個人
				熊本地震の際のお恩返しの人

実施者：熊本日日新聞　実施日：7 月27、28 日　回答者：県内の1434人
資料：熊本日日新聞7.29付総合 4 面から奥田作成

が安心して県外ボランティアを受け入れられるような感染防止策を関係機関と模索中。そのうえで、特例措置で民家敷地内でも行政が重機で迅速に片づけできるようにして、ボランティアは屋内の片づけに絞るなど、共助を公助でカバーする新たな支援の在り方も提言している」と述べていました。

7月29日被災地では人手不足による復旧作業の遅れを懸念する声もありましたが、感染リスクへの不安が顕著に表れていました。ボランティア資格を県内在住者に限定したため、ボランティア需給のアンバランスに悩み苦しみましたが、被災者は協力して難局を乗り切る構えで努力を続けました。被災者の意向を確かめるアンケート調査を見ると、その意向にゆるぎはなく約7割が現状維持の「県内在住者」案に賛成していました（図表3-15）。

以下に熊本日日新聞からボランティアに関する記事を取り上げます。

▼7月29日

ボランティア災害ゴミ搬出。球磨村の神の瀬地区で球磨川沿いに走る国道219号が27日に仮復旧したため、被災者はボランティアらの支援を受け、ようやく復旧への第一歩を踏み出した。（社会27面）

▼7月30日

ボランティア1万人結集を計画、民間主導プロジェクト始動。豪雨災害で人手不足が懸念される中、県内のボランティアの輪を広げようと民間主導のプロジェクト「クマモト・リバーズ」が動き出した。県民ボランティア1万人を目ざす。27日熊本中央区のクマモトYMCAで初の説明会では講師の防災士が現場での肌を出さない服装について助言。小さな力も地元の方の困難を一緒に解決していく意義があると話した。（総合5面）

▼8月2日

菊陽町社会福祉協議会は豪雨で大きな被害が出た芦北町へボランティアを無料で運ぶバスを毎水曜日運行する。（県内総合5面）

災害ゴミ　搬出本格化　芦北町白石地区　県道仮復旧で孤立解消：孤立状態が続いていた白石地区で災害ゴミの搬出作業に当たる地元の消防団員ら。（県内総合5面）

宅地内の土砂撤去無料代行、あすから芦北町で。芦北町は3日、県建設業協会芦北支部などと連携して、豪雨災害で流れ込んだ宅地内の土砂の無料撤去代行を始める。（社会28面）

　八代市のごみ収集業や造園業など21業者計90人が1日甚大な被害が出た同市坂元町で被災家屋から出た災害ゴミを回収した。（社会28面）

8月4日

▼

　ボランティアに地域差　熊本豪雨1カ月　受け入れ側の人手不足、情報格差も影響か。現地での受け入れを担う村の社会福祉協議会の人の人手が足りない。球磨村は人吉町と合同で同市のボランティアセンターを運営。110件を超す要望のうち対応を終えたのは40件程度。同社協は職員25人で避難所運営にも人手を取られ、活動内容の説明や活動先への送迎などのボランティア対応には村外の社協の応援を加えても約10人しか割けない。（総合4面）

　宇城市市役所駐車場からボランティアバス出発式。市長が被災地は多くの人手がいる状況。熱中症に気を付けて頑張ってくださいと激励。市民と高校生以上。8月中（15、16の土除く）（総合4面）

②　ボランティアについてのまとめ

・ボランティアセンター開設：被災市町村の社会福祉協議会が担当
・ボランティアの条件：熊本県内に在住する者に限る
・ボランティアメンバー：高校生（保護者の同意、条件なし）、青年商工会議所メンバー、自衛隊、行政の職員、中学生（保護者同伴）、法人会青年部会、NPO法人ボランティア団体、学校支援ボランティア団体、民間ボランティア、ライオンズクラブ、個人など
・事前登録手続き：希望者は受付票に希望日などを記入し事前にファックス通信で申込する。受付票は社協のホームページからダウンロードできる
・主な仕事内容：泥かき、家具の搬出、がれきの除去、救援物資の分配などで、ボランティアのための送迎バスを無料で利用できる
・衛生管理：マスク着用・検温・手指のアルコール消毒などの感染症対策を守ること

【参考文献・資料】

感染エクスプレス@vol467（2022年7月8日）

国土交通省ホームページ

萬年一剛『富士山はいつ噴火するのか？』筑摩書房（2022）

奥田和子「コロナ禍における感染対策と災害食の役割」日本災害食学会 VOL8　NO.1,P.51（2021）

食品産業新聞ニュース社WEB（2021.9.3）

奥田和子『震災下の「食」―神戸からの提言』NHK出版（1996）

岩手県栄養士会「その時被災地は」野田村役場・下畑優子報告書　p.55（2013）

奥田和子、大塚ウエルネスベンディング㈱講演会資料

熊本県「熊本県推計人口調査年報」（2016年9月1日）

内閣府防災担当「避難所ガイドライン」（平成28年4月改定）

内閣府「避難所におけるトイレの確保・管理ガイドライン」（平成8年4月）

福島県保健福祉事務所「東日本大震災避難所の主食」（2011年4月）

内閣府最終報告「首都圏直下地震の被害想定」（2013年3月）

中央防災会議災害対策推進検討会議「南海トラフ巨大地震の被害想定第二次報告資料2-1」（2013.3.18）

奥田和子「東日本大震災からの学び―飲料水と食料の不足―」kewpie News, 第450号　キューピー㈱広報室（2011）

内閣府防災担当資料（令和2年9月16日）

熊本日日新聞（2020.7.9総合3面、7.29総合4面）

共同通信社ネット記事（2022.5.13）

渡辺　実『日本の食生活史』吉川弘文館（1986.1.20）

宮本智恵子編著『今も伝わる大阪のごはんとおかず』創元社（1984）

東京都総務局総合防災部防災管理局編集発行『東京防災』（2015）

『オールガイド食品成分表』実教出版（2021）

奥田和子、水谷　好「阪神・淡路大震災以後、災害食はいかに変貌を遂げたか、25年間の軌跡と進展」日本災害食学会誌VOL.8 NO.1（MARCH　2021）

奥田和子「中学生が考えた「自分好みの災害食」国・自治体が広報する災害食とのギャップをどう埋めるか」日本災害食学会誌 VOL.4 NO.2（MARCH　2017）

『日本食品成分表2021　八訂』医歯薬出版（2021）

厚生労働省「日本人の食事摂取基準」（2020年版）「日本人の食事摂取基準」策定検討会報告書（2021）

斎藤真由『「食べる」介護のきほん』翔泳社（2021）

山本　潤一「HOT・PLUS開発、災害食を温める、熱湯を沸かす」（2020）

奥田和子、島根県邑智地区栄養士会講演会記録（2015）

奥田和子『本気で取り組む災害食個人備蓄のすすめと共助・公助のあり方』同時代社（2016）

日本歯科医師会「身元確認マニュアル」（2015）

兵庫県動物愛護センター「「あなたとペットの災害対策」同行避難の備え」（2015）

産経新聞総合24面記事「JAの精米工場に大量のハトのフン」（2022）

第2章

実践!災害食サバイバル術

―危機を切り抜ける極意―
一寸先は闇と心得よ!

1 水はどのくらい必要？

飲料用だけでなく生活用水にも必要

　災害時、災害支援物質が3日以上到着しないこともあり、家庭での水の備蓄は必須です。保存にはミネラルウォーターや保存水が便利ですが、こまめに入れ替えれば水道水でも保存可能です。

　必要な水は飲料用だけではありません。レトルト食品の湯せん、手洗いや歯磨き、トイレなどのほか、洗濯や炊事にも水を使います。風呂の残り湯（150～200L程）をためておけば、その分の生活用水が確保できます。

〔水道水での備蓄方法〕

　清潔なペットボトルなどに、空気が入らないよう水道水をいっぱいに入れてふたを確実に締める。涼しい場所で3日程度保存できる。

　浄水器を通した水や煮沸水ではなく、蛇口から出る水道水を使用すること。

　ペットボトルは匂い移りがしないようミネラルウォーターの空き容器がお勧め。また、朝一番の水道水は残留塩素濃度が低くなっていることがあるので、最初のバケツ1杯分は保存用に適さない。

資料：大阪広域水道企業団

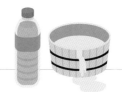

ろ過してきれいな水を得る

どうしても水の確保が必要になったとき、サバイバル手段として雨水などの水をろ過する方法もあります。

・ペットボトルを利用……ふたの真ん中に小さく穴を空けて、底を切り取る。逆さにして、ろ過材を順に入れてひもで吊るす。ろ過材は下から順に、ティッシュ→小砂利→砂→木炭→毛糸など。

・空き容器を利用……マヨネーズなどの容器を利用してスポイトのように上澄みを吸い取る。

・布を利用……布の端をバケツに汲んだ水に浸す。布のもう一方の端を、空の容器で受ける。水受けの容器はバケツより低い位置に置くのがポイント。

食べ物から摂る水分量

（公社）長寿科学振興財団によると、人が1日当たり必要となる水の摂取量のめやすは 2.3 ～ 3.5L（生活活動レベルによる）という欧米の研究結果があります。

ただ、水分は飲料だけでなく食事にも含まれています。下記のような朝食メニューでは、1食で約500mlも水分が摂れることになります。食事は水分の摂取源でもあるわけです。

ある朝食メニュー			
	分　量	水　分	水分量
ご飯	200g（茶碗2杯）	60%	120ml
味噌汁	150cc（汁椀1杯）		150ml
冷や奴	100g（1皿分）	89%	89ml
レタス	100g（1皿分）	95.5%	95.5ml
ほうれん草（ゆで）	100g（1皿分）	91.5%	91.5ml
合計			546ml

② 食欲がわかない!

病気のときにも食べられるものをストック

　非常事態では精神的に不安になり食欲がなくなることも珍しくありません。のどを通りやすいものや食欲がなくても食べられそうなもので、エネルギー源となるものをいくつか用意しておくといいでしょう。

　おかゆは水分が多いので飲み物がなくても食べられます。レトルトのおかゆはおいしくなっていて多くの商品が出回っているので、試してみると良いでしょう。

　かつて夏の栄養ドリンクとされた甘酒は、麹菌の働きで消化吸収を助け、疲労回復に役立ちます。市販の甘酒商品は未開封で常温保存できるものもあります。

　スポーツ時に重宝するゼリー飲料は、エネルギー補給を目的とするものは1本でおにぎり1コ分くらいのカロリーが摂れます。その他、ビタミン・ミネラル入りや水分補給用など用途によっていろいろな種類のものがあります。

おかゆ
　食べやすく消化が良いので、高齢者や子どもに限らず揃えておきたい品。

ハーブティー
　香りによるリラックス効果が期待できる。おすすめは、カモミール、ハイビスカス、ローズヒップ、レモングラス、ペパーミントなど。

ゼリー飲料
　手軽にエネルギーチャージできるゼリー飲料は常温保存できる上、手を汚さずそのまま食べられるので便利。賞味期限はだいたい6～10カ月。

梅干し
　昔ながらの酸っぱい梅干しは、だ液の分泌をうながすことで食欲不振を回復させ、クエン酸が疲労回復を助ける。殺菌作用もあるので食中毒対策にも効果的。

災害時はしっかり水分を摂ろう

　災害時の食事はビスケットなど水気の少ないパサパサの食べ物が多くなります。しかも、飲み物も十分にないため、しっかり水分を摂るようにします。

○水気を多く含んだ食べ物 ↓ 〈おかゆ〉	× 水気の少ない食べ物 ↓ 〈ご飯、アルファ米〉
・飲み物の代わりになる ・食べやすい ・賞味期限が短い 　災害時、空気が乾燥しているが、飲み物がなくても何とかなる	・喉が渇く ・食べにくい ・賞味期限が長い 飲み物がないと食べられない

③ 即効エネルギー源

行動食をチェックしよう!

避難所への荷物をまとめたり、散乱したものを撤去したり足場を作ったりしていると、体力を消費します。まだ3食をきちんと食べる余裕がないかもしれません。少しずつでも口にできるものがあると便利です。

簡単にエネルギーチャージできるものとして、登山の行動食を参考にしてみましょう。行動食とは、登山の道中でエネルギーや栄養を補給する食料のことです。カロリーがあり、ハンディタイプで手を汚さずに食べられてコンパクト。ゼリー飲料やチョコレート、バータイプの栄養補助食品など、さまざまな種類の商品が出回っており、避難所にも持って行きやすい食品です。

甘いもの、しょっぱいもの、エネルギー補給できるものなどバリエーションがあると飽きずに食べられそうです。

pick up! 保存食

栄養補助食品（バータイプ）

不足しやすい栄養素を補う。スポーツ用の商品はハイカロリーで運動機能向上に貢献する栄養素が配合されている。

肉 缶

育ち盛り、食べ盛りには主食が進む味付け肉の缶詰がうれしい。ランチョンミートやコンビーフなどは食べごたえ十分。

ブドウ糖

即効エネルギー源。活力源となる炭水化物のうち体内で消化される糖質は、最終的にブドウ糖に分解され、エネルギーとして利用される。

ドライフルーツ

たとえばレーズンの鉄分は生のブドウの約20倍。プルーン、ドライバナナ、ドライマンゴーなど、果物由来の栄養素が含まれ食物繊維も多い。

レトルト食品

レトルト食品は気密性・遮光性のある容器に詰めて密封し、高温・高圧で殺菌された食品を指します。「レトルト」とは高圧釜のことです。

食品の保存には微生物制御がカギとなります。ボツリヌス菌などの食中毒菌は120℃4分の環境下で死滅するため、この値が容器包装詰加圧加熱殺菌食品の製造基準に取り入れられています。それゆえ、レトルト食品は保存料や殺菌料を使用する必要がなく安全で衛生的。常温で長期間の保存が可能となっています。

レトルト食品はビタミンなどの栄養素の損失が少ないといわれています。レトルトパウチのほとんどが遮光性で酸素バリア性がありパウチ内の酸素量が少ないこと、真空下で処理され殺菌時間が短いことなどが関係しているようです。ただし、食材の洗浄やブランチング処理などによって水溶性ビタミンやミネラルは、ある程度損失します。

出典：矢野敏博・西野　甫 監修『レトルト食品入門』（2015年）

4 乳幼児がいる場合

子どもがいる家庭が気をつけること

災害時の恐ろしい記憶やその衝撃、その後の日常生活の変化は、子どもにもさまざまな精神的・身体的影響をおよぼすことが知られています。これまでにない行動をしても多くは正常な反応です。私たちが落ち着いた時間をもって話しかけることで、子どもたちは心の安らぎを取り戻すことができるといいます。以下に、ステージごとの子どもへの対応をあげます。

〔乳　児〕

できるだけ規則的な生活を送る。熱や下痢、ミルクをあまり飲まなくなったら脱水症の危険があるため水分補給を心がけて受診を。ママが疲れてしまうと、母乳が一時的に出ないこともあるので、普段母乳の方も粉ミルク・液体ミルクなどをキープ。

〔幼　児〕

赤ちゃん返りやおねしょ・おもらしなどをしたり、震災ごっこや地震の話を繰り返したりする子もいる。パニックや暴力など情緒不安定になっても子どもの気持ちを否定せず、あるがままを受け止めたい。

出典：兵庫県立大学大学院看護学研究　　　　　科　21世紀COEプログラム

おなじみお菓子の保存缶

普段から子どもたちが慣れ親しんだ味のお菓子を常備しておけば、被災生活でも潤いとなること必至。

離乳食

なかなか手に入りにくいので、レトルトの離乳食があると良い。離乳食用スプーンも必要。薄味のお菓子なども別に用意。

コーン缶

炭水化物が主成分で食物繊維が多く、子どもも食べやすい食材。クリーム状のものは水でのばして味付けすればスープになる。

粉ミルク・液体ミルク

液体ミルクは常温で飲ませることも可能だが、寒い時期は温める必要がある。P83のように温めるグッズと一緒に備蓄。

高学年の子への対応

高学年の子も落ち着きがなくなり情緒不安定になりやすくなります。その他の変化の例として、チックやぜんそく、じんましんの症状があらわれる子もいます。食欲不振・過食、無気力・無表情、よい子になる、がんばりすぎる、暴れる、パニックになる、幼児返りなどもみられます。小学校高学年の子でもショックで指しゃぶりやおねしょをしたり、幼児ことばになったりすることもあるようです。

今の状況や大人が考えていることをていねいに説明して気持ちを共有し、子どもにも仕事を与えるなど周囲とのつながりを感じさせてあげることも有効です。

子どもたちには、元気にふるまうよう強いないようにしましょう。小さい子も大きい子も傷を負っています。

出典：兵庫県立大学大学院看護学研究科　21世紀COEプログラム

S 高齢者がいる場合

高齢者の方が気をつけたいこと

東日本大震災で被災した岩手県沿岸部住民の過半数に高血圧状態が続いたことが調査で明らかになっています。ストレスや運動不足のほか、缶詰やカップめんなどが続いた食事も影響したかもしれません。

国立健康・栄養研究所が高齢者・慢性疾患者向けに健康を守るポイントをまとめているのでご紹介します。

・水分を摂る

水分不足は頭痛、便秘、食欲低下、体温低下につながる。血圧や血糖を制御するためにも十分摂る。

・しっかり食べる

体温や筋肉を維持するため出された食事は食べる。パン類はジュースや汁ものに浸すと食べやすい。

・飲み込みにくいとき

食事前に少量の水で口を湿らせたり、食品と水分を交互に口に入れたりするなど工夫する。

・身体を動かす

狭いスペースでも身体を動かすことが大切。

粉ミルク
　牛乳と違い備蓄できるのがポイント。乳酸菌や鉄分などが配合された大人向けの粉ミルクが注目を集めている。

昔ながらのおやつ
　ひと口ようかんやラムネ、甘納豆、きな粉棒などの駄菓子はいかが。固形タイプの黒糖をかじれば、ミネラルも摂取できる。

麩
　グルテンに小麦粉などを混ぜてつくったもの。植物性タンパク質が豊富で脂質が少なく消化の良い食材。

高野豆腐
　原料の大豆由来の植物性タンパク質が豊富で低脂質。カルシウムや鉄なども含む。戻すと約6倍の重量になる。

フレイルを防ごう

　フレイル（Frailty、虚弱）とは、健康な状態と要介護の状態の中間段階のこと。年をとって身体の機能や精神状態、社会的なつながりが弱くなった状態を指し、このまま放置すると要介護状態となってしまいます。フレイルは予防により進行を緩やかにすることが可能です。予防方法として次の3点が掲げられています。

①栄　養

　3食しっかり食べ、水分も摂る。とくにタンパク質を含む食品を意識して食べる。タンパク質は主菜だけでなく、主食や乳製品にも含まれている。

②身体活動

　ウォーキングやストレッチなどをする。

③社会参加

　就労や余暇活動、ボランティアに取り組む。

　やせてきたら、メタボ予防からフレイル予防へ切り替えどきかもしれません。食生活を振り返ってみましょう。

資料：厚生労働省

G 癒しのおやつ

不安なときには甘いもの

　甘いもの（砂糖）にイライラや不安などの心理的ストレスを和らげる作用があることについて、科学的な知見が得られつつあります。

　私たちも日常生活の中で、甘いものを食べて幸せな気分になった経験があるのではないでしょうか。

　災害という大きな不安や恐怖にさらされる状況下だからこそ、お子さんはもちろん、成人男女問わず少しでもホッとできるものを準備しておく必要があります。

　東日本大震災では被災者への救援物質の一つとしてスイーツも送られ、喜ばれたそうです。

　甘いものといえばチョコレートをあげる人が多いかもしれません。チョコレートの原料・カカオ豆に含まれるカカオポリフェノールは、生活習慣病予防のほか抗菌、ストレス抑制、冷え症改善などさまざまな効果について研究が進められています。

溶けにくいチョコレート

溶けないよう表面がコーティングされているものがおすすめ。糖質・脂質がコンパクトに詰まって登山中に補給する行動食の定番。

あずき

水分の代謝を整えて、老廃物やたまった毒素などを排出させる作用や、梅雨の時期などのだるさの緩和など薬膳としての効能も期待される。

ジャム

クラッカー、乾パン、缶パンなどがおやつに。びん詰ジャムの賞味期限は未開封で2年ほどだが、低糖度タイプは1年半くらいと少し短い。

フルーツ缶

1缶に見た目以上の果肉が入っていて、たとえば、ミカン缶詰（固形量250ｇ）は中粒ミカン7コ分に相当。フルーツの多くはカリウムを含む。

缶詰豆知識

缶詰は容器を密閉して加熱殺菌されています。このため、腐敗や食中毒の原因となる微生物が食品中で発育したり、油脂の酸化など化学的変化による変質が起こったりするのを防ぎます。すなわち、保存料や殺菌料、酸化防止剤など使う必要がなく、意外かもしれませんが食品添加物の使用は多くありません。

缶詰は原料の産地で、出回りの最盛期に大量に買い付けて製造されます。生原料の30〜50％にあたる不可食部分は飼料や肥料などに加工し、食べられる部分だけを加工して缶に詰めるので経済的。

栄養に関しては生鮮品と比べると加熱の影響はあるものの、酸素を除いた状態で加熱するので通常の加熱調理ほど栄養成分の損失は多くありません。補給できる栄養素もあり、鮭の中骨水煮缶はカルシウムの有効な供給源になります。

出典：（公社）日本缶詰びん詰レトルト食品協会 著『缶詰入門』（2020年）

7 カセットコンロがあれば

カセットコンロは正しく使おう

　第1章図表2-5によると、南海トラフ巨大地震が発生した場合、ガスの復旧は1～2カ月と想定されています。この間、カセットコンロがあると食事の選択肢が広がります。農水省によると、1人当たり1週間でカセットボンベが約6本必要と試算されています（使用期限〈約7年〉に注意）。

　カセットコンロは誤った使い方をすると爆発したりするおそれがあります。以下のことに気をつけましょう。

〔カセットコンロの注意点〕

・コンロを覆うほどの大きな鍋での使用や2台並べた使用は熱がこもりやすく危険

・木炭や練炭の火起こし、焼き網や陶板プレートなど蓄熱性のあるものは使用しない

・テント内や車内での使用は一酸化炭素中毒や酸欠のおそれあり

・電磁調理器上で使用しない

・コンロ専用のカセットボンベを使用し、正しくセットする

資料：
（一社）日本ガス石油機器工業会

pick up! 保存食

お 米
　耐熱性のポリ袋に米と水を入れて浸水させ、弱火でゆでる。20 ～ 30 分加熱した後 10 分蒸らせばご飯のできあがり。

スパゲティ
　スパゲティを水に漬けて、色が変わるまで涼しいところに置く（1 時間～ 1 日）。さっとゆでればもちもちパスタ。

そうめん
　ゆで時間が 1 分半前後と短いので便利。賞味期限は約 3 年。JAS では、そうめんは長径 1.3mm 未満、手延べそうめんは長径 1.7mm 未満と規定。

フリーズドライ食品
　食材を凍結して真空状態下で昇華させたもの。保存料を使用せず 1 年ほど常温保存が可能。

フリーズドライ食品

　食品を保存するための乾燥方法はいろいろあります。干物や干ししいたけなどの天日乾燥や野菜・果物の熱風乾燥は簡単にできるため、広く行われています。

　工業的には噴霧乾燥（インスタントコーヒーなど）や加圧乾燥（スナック食品など）もあります。

　フリーズドライ（FD）食品は真空乾燥という方法で作られます。FD 食品は多孔質構造のため水分が入りやすく、軽量で復元しやすいのが特徴です。低水分で化学変化が起こりにくいため風味が保持され、常温保存も可能。ただし、吸湿性があるので高温多湿を避けて保存します。

　FD 食品は乾燥工程で高い温度をかけないためタンパク質の変性が抑えられ、卵スープはふんわりとした食感。ビタミン A やビタミン C などの栄養素も損なわれにくくなっています。さまざまな野菜の FD 食品があり、備蓄食品として重宝します。

出典：山根清孝 著『フリーズドライ食品入門』（2020年）

冷たい食事からの脱却

奥田和子

一般的に温かい食事は、消化を助け、緊張感を和らげ、食欲を増進させます。とくに、乳幼児や高齢者にとって「温かい食事を摂ること」は命に関わる問題です。ところが、これまで、災害時の被災者は電気・ガス・水道がストップすると温める術がなく、お手上げでした。

これを解決してくれたのが2021年に発売された「ホットプラスマルチウォームバッグ」という製品です（P20参照）。これは、火や電気の代わりに発熱剤と水を用いて「湯を沸かす」「温める」という二刀流の機能をもちます。火災の心配がなくカップ麺に湯を注いで食べられ、粉ミルクを溶くことができ、乳児用液体ミルクも温められ、被災者はホッとしました。

さて、熊本県の球磨川が氾濫した豪雨災害(2020年)では、政府の救援物資のトップが「パックご飯」でした。避難所で被災者は、温めが必要なパックご飯をどのようにして食べようかと悩みました。電子レンジや湯が使えないので、これらは倉庫で眠らせるしかありません。このよ

HOT PLUS あったかフードボックス
㈲山本商事

図1　災害時でも温かくおいしい食事を

うな状況から新たに「あったかフードボックス」（図1）を考えついたのは、山本潤一氏という発明家です。この製品も発熱剤と水を用いて食品を温めますが、容器は従来の袋タイプではなくプラスチック製の加熱ボックスとしました。使い方は非常にかんたん。ボックスにパックご飯、レトルトカレーなどおかずを同時に入れ、発熱剤に水を注ぐだけで、あっという間にホカホカのカレーライスを作ることができます（図2）。この製品は過去の災害時の経験から見えた避難所や家庭での備蓄の難題を解決するものとなっています（2023

図2　2層構造で安全に加熱できる（缶詰15分程度、パックご飯20分程度）

年に特許を取得）。

　発災からのフェーズごとに一例をあげてみましょう。災害時、自治体職員は避難所運営以外にも多くの業務を担う上、職員自身が被災者となる場合も多くあります。そんななか災害食の食べ方や加熱機器の使い方をレクチャーする余裕などありません。「あったかフードボックス」は高齢の避難者でも自分で安全に扱えるよう、あらかあじめボックスに収納した食べ物をそのままの状態で温められる仕組みになっていて、職員の手を煩わせる必要はありません（図３）。

図３　火災の危険もなく長時間保温OK

図４　パックご飯３パックを収納可能

　近年では、感染症の問題もあり避難所へ避難せず車中泊をする被災者も増えています。車中泊での食事は、加熱が必要なパックご飯やレトルト食品などの日常食品ということもあるでしょう。気温の低いときに冷たいお茶を飲むと体が冷え、健康が危ぶまれることでしょう。同品は車内で使っても一酸化炭素中毒や火災の危険がありません。救援物資にあるパックご飯はおいしく食べられるようになり、飲料も温められます（図４）。

　冷たい、おいしくない、食べられないから捨てる——これは食料を無駄にすることです。「あったかフードボックス」が繰り返し使えるボックスタイプで、包装材を捨てずに済むような設計であることは、SDGsに大きく貢献するといえます。おいしいご飯とあたたかいハンバーグカレーでもりもり元気を回復しようではありませんか！

　いつまで続くコールド災害食　我慢大会　地球汚染大会

8 身体の不調を予防する

被災後数日後から必要となる栄養

　私たちが毎日食べている食べ物は、大きく分けて次の3つの役割があります。非常食として I 群ばかり食べていると、栄養のバランスが崩れて栄養不良になったり風邪をひきやすくなったりします。被災数日後からは、III 群から毎食1品目ずつ摂るよう心がけてみましょう。

I 群（黄）
身体にエネルギー
を与える

〈不足〉思考の低下、活力低下
〈主な食品〉主食、もち、いも類、ビスケット、あめ、チョコレート、キャラメルなど

II 群（赤）
筋肉や骨、
血液などをつくる

〈不足〉筋肉の収縮悪化、肌のつやがなくなる
〈主な食品〉肉や魚・豆の缶詰、ソーセージ、レトルトカレーやシチュー、高野豆腐、卵、乳製品など

III 群（緑）
身体の調子を整える

〈不足〉疲れやすい、めまいがする、感染症にかかりやすい
〈主な食品〉野菜や果物缶詰、野菜や果汁率の高いジュース、のり、乾燥わかめなど乾物

三色食品群

pick up! 保存食

乳酸菌

　腸内環境を整え免疫力を強化。タブレットやサプリメントの他、乳酸菌入りのさまざまな食品が販売されている。

雑穀ミックス

　洗わずそのまま白米に混ぜて炊くことができる。多くの雑穀は白米に比べて食物繊維量が多く、なかでも大麦は水溶性食物繊維を多く含む。

トマト水煮缶

　生のトマトよりも抗酸化作用のあるリコピンが多い。β - カロテンなども多い。β - カロテンはビタミンAに変換されて作用する。

野菜水煮

　ザワークラウトやオリーブなど瓶詰があると便利。水溶性ビタミンは失われるが、食物繊維や脂溶性ビタミンなどは残る。

体調を崩したときに食べたいもの

　避難生活で陥りそうな不調の一例をあげました。それぞれの体調に合った食品がストックしてあると安心ですね。

〔かぜ〕

・ビタミン＆ミネラルの補給……野菜ジュース、果汁、ビタミン剤

・水分の補給……水、お茶、果汁、スポーツ飲料、ゼリー

・消化が良く軟らかい食事……おかゆ（レトルト）、野菜の煮物（缶詰）、魚の水煮（缶詰）

〔便秘〕

・便通を良くするために……コーンやひじき、豆といった野菜や海藻の素材缶詰、干しいも、バナナ、寒天、なめたけ

・水分を十分摂る……水、お茶、果汁、スポーツ飲料、ゼリー

〔下痢〕

・水分とビタミン＆ミネラルの補給……野菜ジュース、果汁、ビタミン剤、水、お茶、スポーツ飲料、ゼリー

・消化が良く舌でつぶしやすい食事……おかゆ（レトルト）、野菜の煮物（缶詰）、魚の水煮（ほぐれやすく、かみ砕きやすいもの）

⑨ 不足しがちな タンパク質を補う

タンパク質は毎日摂ろう

タンパク質は、20種類のアミノ酸がペプチド結合してできた必須栄養素。筋肉にかぎらず髪の毛、皮膚、爪にいたるまでタンパク質から構成されている上、酵素やホルモンとして代謝を調整するなど、さまざまな身体の機能を担っています。しかし、タンパク質は体内で合成できず、毎日摂取しなければなりません。

高齢者のサルコペニア（加齢に伴う筋肉量の減少）が深刻な問題となっており、その原因の一つとしてタンパク質の摂取不足が指摘されています。5年ぶりに改定された「日本人の食事摂取基準」では高齢者のタンパク質摂取下限値が引き上げられています。

普段の食事はもちろん、主食のみに偏りがちな災害時はとくに、すべての人がタンパク質を意識して摂るようにしましょう。

ツナ缶

1缶70g当たりのタンパク質量は12〜13g。油漬に使用される油には主に大豆油が使われる。

サバ缶

1缶（内容総量200g）で中サバ1尾分相当の量が入っている。DHAやEPAは、とくにサバのような青魚に多く含まれている。

ウズラ卵

手軽にタンパク質が摂れる。缶詰で2年前後、パックされた水煮でも1年ほど保存できる（商品による）。

豆

水煮や缶詰で手軽に食べることができる。大豆、ひよこ豆、えんどう豆、いんげん豆など、どれもタンパク質量が多くビタミンB群も豊富。

広がるプロテイン市場

　これまで、タンパク質商品というとスポーツ選手や筋トレマニアなどが利用する粉ものというイメージがありましたが、近年は一般生活者向けにもさまざまなタイプの商品が市場に登場しています。具体的には、プロテインパウダー、プロテインバー、プロテインドリンク、ヨーグルト、お菓子、シリアル、ゼリー、水産練り製品などがあります。また、プロテイン原料の種類もメーンの乳タンパクのほか、エンドウ豆、魚、アーモンド、昆虫など多様化が進んでいます。

　KSP-POSデータを基に集計したプロテイン関連商品をみると、2022年は5年前の10倍以上の販売規模となっており、とくにコロナ禍の20年から急増しています（日本食糧新聞調べ）。

　コロナ禍で健康志向が高まったこともあり、一般食品としてスーパーでもこうした商品を気軽に買うことができるようになりました。備蓄用としても試す価値はありそうです。

10 ビタミンを摂ろう

水溶性ビタミンと脂溶性ビタミン

　ビタミンとは、ヒトの身体の機能を正常に保つために必要な有機化合物です。微量ですが体内でつくることがほとんどできないため、食物から摂取しなければなりません。

　ビタミンは水溶性と脂溶性とがあります。ビタミンが不足すると疲れやすくなったり、めまいや頭痛、便秘や下痢などの症状を引き起こしたりします。

長期化する避難生活でも工夫して摂るように心がけましょう。

〔水溶性ビタミン〕ビタミンB群やビタミンC

　体内の代謝に関わる酵素の働きを補う。余分なものは排出されるので、摂り過ぎる心配はない。

〔脂溶性ビタミン〕ビタミンA、ビタミンD、ビタミンE、ビタミンK

　身体の機能を正常に保つ働きをしている。栄養補助食品などと併用する場合は過剰摂取に注意。

出典：厚生労働省e-ヘルスネット　大阪公立大学大学院　由田克士教授

pick up! 保存食

乾燥野菜

乾燥させることでビタミンB群やビタミンD、ミネラル、食物繊維などの栄養素が凝縮。スープに入れるなど便利な食材。

野菜ジュース

水溶性ビタミンは損なわれてしまうが、再添加しているものもある。製造後紙パック4〜6カ月、ペットボトル1年、缶3年がおおよその賞味期限。

栄養強化米

白米に不足するビタミン B_1、B_2 などの栄養素を添加した米。白米に混ぜて普通に炊くことができる。

サプリメント

13種類のビタミンを限られた食材から摂るのはハードルが高いので、マルチビタミンなどのサプリメントを常備するのも一案。

健康食品の効果

世の中には数々のサプリメント（健康食品）が出回っていますが、本当に効果があるのでしょうか。

日本薬局方に収められている鎮痛剤などの医薬品は、薬という物質が直接身体に作用します（物質作用）。実は、この他にも、「これを飲めば良くなるだろう」という期待が生む心因作用、時間経過とともに自然に治る自然治癒も加わって効果が現れます。

健康食品は、その性質上、薬ほどの薬理作用をもたず、この心因作用の力が大いに発揮されます。健康食品の販売金額は一般用医薬品（OTC）を超えており、消費者の多くが継続的に使用しているようです。その理由は当然、効果を実感しているからで、健康食品は人々の健康維持、セルフメディケーションの重要な手段になっているといえます。

健康食品は物質作用と心因作用の両方により多くの人の支持を受け、その健康維持に役立っています。

出典：唐木英明 著『健康食品入門』（2023年）

11 ミネラルが 足りないとどうなる？

インスタント食品はカルシウムを消費

　ミネラルはビタミンと同様、身体の機能の調整に欠かせない微量栄養素です。とくに不足しがちなミネラルを必須ミネラルとして16種類があげられています。厚生労働省が策定する「日本人の食事摂取基準（2020年版）」によると、とくに不足しやすいミネラルはカルシウム・カリウム・鉄・亜鉛の4つです。

　ミネラルは野菜等生鮮品に多く含まれており、災害時には摂りにくい栄養素です。ストックのおすすめは日本の乾物。干すことにより栄養効果が何倍にも増えるものもあり、食物繊維が豊富でミネラルを含みます。

　マグネシウムはカルシウムとバランスを摂りながら身体の機能を調節しています。鉄分は、ビタミンCと合わせて摂ると吸収率がアップします。一方、インスタント食品にはリンが多く、摂り過ぎるとカルシウムを消費します。

煮干し

カルシウムを手軽に摂るには煮干し！干しエビでも良い。生イワシと比較して鉄は約20倍、カルシウムは約33倍に増量する。うまみ成分はイノシン酸。

ごま

成分の半分を占める脂質は、主に必須脂肪酸である不飽和脂肪酸。カルシウムや鉄分、亜鉛などのミネラルも含まれている。

切干大根

生の大根と比較して食物繊維とカルシウムが大きく増量している。カリウムも多い。水に15分ほど浸して戻すと4倍量に増える。

シリアル

穀物由来の栄養素や食物繊維が含まれるほか、商品によりビタミンやミネラルが添加されている。

ミネラル豊富な海藻類

海藻（褐藻類）にはアルギン酸という多糖類や、ぬめり成分のフコイダンが含まれています。これらは食物繊維の一種で、腸の働きをうながします。また、海藻はミネラルが豊富。カップラーメンにカットわかめをひとつまみ入れるだけでも栄養価はアップします。

・昆布……カルシウムとヨウ素が豊富。とろろ昆布はそのまま食べやすい。塩昆布ならご飯のお供に。

・わかめ……カルシウムやカリウムのほか、β-カロテンも多い。カットわかめは水で戻すと約12倍量に増えるので注意。

・ひじき……カルシウムが非常に多い。鉄分、マグネシウム、ビタミンK、β-カロテンなども含まれる。芽ひじきは戻す必要がなく手軽に使える。

・のり……β-カロテンとビタミンB_{12}が豊富。

出典：家森幸男・奥薗壽子 監修『すべてがわかる！「乾物」事典』世界文化社（2013年）

12 感染症から守る

感染・寒さ・暑さから身を守る

　多くの人が集まる避難所では、いろいろな感染症が広がりやすくなっています。感染症予防には手洗い、うがいが基本です。

　下痢や風邪のときには消化がよく軟らかいものを食べることと、こまめな水分補給により脱水に気をつけましょう。

　寒い環境で栄養不足や疲労などにより体温が維持できなくなると、低体温症の危険性が高まります。身体が震え、皮膚感覚が麻痺してくるのは低体温症のサイン。エネルギーと水分を補給し、湯たんぽなどで保温、その上で帽子・マフラー・毛布などでくるむとよいでしょう。

　寒いときは首・脇の下・太ももの付け根など太い動脈が走っているところを温め（暑いときは同部分を冷やし）ます。また、寒い日の炊事はつらいのでゴム手袋があると助かります。

冷たい食べ物や飲み物はなぜ体に悪い？

① 朝はまだ体が冷えているため、冷たいものよりも温かい食べ物を食べた方が良い。

② 冷たい状態のものや脂肪分の多いものは消化しにくく、胃腸の負担になりやすい。

③ 水の飲み過ぎは胃腸の負担になりさまざまな不調の原因になる。1日○Lというように数字を考えて飲む必要はない。

④ 喉が渇いたときに常温の水を少しずつ飲む。高齢の方は喉の渇きを感じにくくなるので、こまめに水分を補給する。

⑤ いかに酵素が健康に役立つとしても、元気を失った胃腸では、酵素は十分に働くことができない。毎日生野菜ばかり食べていたら、やはり胃腸を冷やす。

⑥ 野菜の栄養素を丸ごと摂り入れたいなら、味噌汁やスープにして汁ごといただくのがいちばんである。

⑦ 飲み物は種類よりも温度に気をつけたい。寝起きの体は冷えているので、冷たい飲み物より温かいものがおすすめ。

⑧ 果物は冷やして食べていないだろうか？胃腸を冷やすのでおすすめできない。

⑨ 冷たいものを食べると胃腸内の温度が急激に下がる。消化吸収の働きに加えて温度を元に戻すためにエネルギーを消費するので、さらに負担となる。

⑩ 常に肩こりや腰痛がある、年中冷えに悩まされている、などの原因として考えられることはいろいろあるが、睡眠不足や運動不足のほか、体を冷やしていることも大きく関係する。冷たい飲み物や菓子、ジャンクフードばかり食べていては元気な血を作ることができず、血も不足する。

出典：櫻井大典『病気にならない食う寝る養生』学研プラス（2022）

13 熱中症を予防する

水分を摂ろう

　暑い日は体調を崩さないよう、こまめに水分を摂りましょう。室内でも熱中症になります。熱中症時には水分だけでなく塩分も必要です。

　災害時はトイレが整備されていないことから、水分を摂ることを控えがちです。けれども大人でも身体の60%、半分以上は水分でできています。水分が不足すると熱中症のみならず、便秘・脳梗塞・エコノミー症候群などの原因になることもあります。

〔脱水症状〕

　めまい、失神、筋肉痛、筋肉の硬直、大量の発汗、頭痛、不快感、吐き気、嘔吐、倦怠感、虚脱感、意識障害、けいれん、手足の運動障害、高体温

〔熱中症が疑われたら〕

・涼しい場所へ避難し、服をゆるめ身体を冷やす

・水分や塩分を補給する（大量に汗をかいている場合はスポーツドリンクや経口補水液、食塩水が良い）

資料：厚生労働省

手作り経口補水液

水1Lに対して砂糖大さじ4と1/2、食塩小さじ1/2を溶かす。スポーツドリンクより糖分が少なく塩分が多い。脱水症時に試すと良いが、水よりもかなり吸収が良いのでがぶ飲み注意。

スポーツ飲料

発汗によって失われた水分とミネラルを効率良く補給できる。クエン酸や糖分も入っているので疲労回復に効果的。糖の過剰摂取に気をつける。

味噌汁

水分と塩分のほか、具材のタンパク質やミネラルも補給できる。生みそタイプの賞味期限は半年～1年程度。

甘酒

そのまま飲める市販品はほぼ米麹から作られている。ブドウ糖が速やかにエネルギー源になり、オリゴ糖は腸内環境を整える働きをする。

食中毒にご注意

第1章でも触れていますが、差し入れのおにぎりで集団食中毒が発生した事案がありました。素手で触れた食品を放置するのは危険です。食品の衛生について以下のことに気をつけましょう。

・食事の前、調理の前は手を洗う。水が使えるときは流水と石けんで、断水時はウエットティッシュを使う。

・提供された食品、開封した缶詰などは早めに食べる。

・消費期限の過ぎた食品は食べない。

・加熱が必要な食品は中心部までしっかり加熱する。

・調理器具は清潔に。使い捨て容器やラップなどを利用。

・下痢や発熱の症状のあるときは調理をしない。

・給水車から汲み置いた水は当日中に飲む。

・直接口をつけたペットボトルは早めに飲みきる。

実践！ 災害時に使える缶詰クッキング

缶詰博士　黒川 勇人

　常温で長期保存ができて、フタさえ開ければそのまま食べられるのが缶詰である。災害食としてひとつの理想型といえるが、いざ備蓄しようとすると「どんな缶詰を選べばいいの？」と迷う人が多い。

　これは缶詰が保存食という、何か特別な食品と思われているせいだ。もちろん保存食ではあるけれど、中身は普段食べている他の食品とそう変わらない。缶詰が特別なのは、長期保存を可能にした容器（缶）に密封されていること。そして、中身が加圧・加熱済みという、いわば圧力鍋で調理されたような状態になっていることだ。

　ちなみに、保存料や防腐剤は使われていないから（加熱によって殺菌されるため）、一度フタを開ければ常温での保存はできなくなる。その点も他の食品と同じである。

　そんな視点で缶詰を眺めれば、災害時に必要なものが選びやすくなる。基本としては、人間が健康に生きていくために必要な五大栄養素（炭水化物、タンパク質、脂質、ミネラル、ビタミン）をなるべく満たせるように揃えたい。

　ただし、すべての食事を缶詰にする必要はない。前述したように缶詰は加圧・加熱して作られるから、中の食材は柔らかくなりがちだ。フリーズドライや乾物などの歯応えがある食品と組み合わせて、食べ飽きないようにする工夫も大事である。

選ぶべき缶詰の例

　五大栄養素（炭水化物、タンパク質、脂質、ミネラル、ビタミン）に基づいて、選ぶべき缶詰の例をあげてみよう。

〔炭水化物〕

パン・アキモト「パンの缶詰」、吉野家「缶飯牛丼」、はごろもフーズ「シャキッとコーン」など

　パンの缶詰は、缶の中で生地から焼いて密封する手法が確立されたことで、しっとり柔らかい食感が保てるようになった。オレンジ味やバター味など味付けも多彩なので、好みのものが選べる。

　ごはんの缶詰には、湯せんで温めて食べるタイプと、常温のままで食べられるタイプがある。災害時にありがた

写真1　玄米ごはんと牛肉、玉ねぎが入った缶飯牛丼

いのは、もちろん常温のまま食べられるタイプだ。「缶飯牛丼」は白米よりも栄養豊富な玄米を使っていて、水分を多めにして炊いてあるから常温でも柔らかい。味付けされた牛肉と玉ねぎが玄米の上に乗っており、まさに牛丼そのもの。同様に、おかずとごはんが一緒になった缶詰は他のメーカーからも数種類出ている（写真1）。

ちなみに、白米を炊いただけの缶詰もあるが、ごはんが硬いために湯せんで温めないと食べにくい（つまり熱源と水、鍋がいる）。災害時に白いごはんを食べるなら、水でも戻せるアルファ米やフリーズドライ米を選んだ方が現実的だと思う。

トウモロコシも炭水化物なので、パンやごはんが喉を通りにくいときにはコーン缶詰が有効である。コーンには水分も含まれているので、わずかながら水分補給ができる利点もある。そのまま食べるだけでなく、別の食品にトッピングすれば彩りがきれいになる。

なお、炭水化物の中には食物繊維も含まれる。災害時に避難生活が続くと、ストレスや運動不足、偏りがちな食生活のせいで、年齢性別に関わらず便秘になるという報告がある。整腸作用がある食物繊維は、普段の生活よりも積極的に摂るべきである。

〔タンパク質＆脂質〕

ホテイフーズ「やきとりたれ味」などの肉類、マルハニチロ「さばのトマト煮」など魚介類

この2商品は、（一社）防災安全協会が主催する「災害食大賞2021」で受賞した缶詰だ。同大賞は2016年に始まったもので、これまで受賞した缶詰は他にもあるが、この2商品はスーパーやコンビニに並んでいることが多いため例として取り上げた。

やきとりたれ味は、タンパク質と脂質が摂れるほか、たれの甘い味が「ほっとする」と評価された。ストレスのかかる災害時には、日常を思い出させる味も大切な要素だと思う。

さばのトマト煮は、さばのタンパク質と脂質、トマトのビタミンCやリコピンが摂れるほか、トマトの酸味がご飯にもパンにも合うと評価された。

やきとりの缶詰は数社が販売してお

り、たれ味だけでなく塩味も出ている。料理素材として考えると、たれ味よりも塩味のほうが使い勝手が良い。たとえば、乾物の切り干し大根を水で戻して合わせれば、ちょっとした一品料理になる。加熱する必要がないため、火が使えない場所でも作ることができる。

〔ビタミン＆ミネラル〕

肉類・魚介類の缶詰全般（ビタミンB₂、カルシウムなど）、フルーツの缶詰全般（ビタミンC、カリウムなど）、トマト缶もしくはトマトジュース・野菜ジュース（ビタミンCなど）

ビタミンの中には加熱で壊れるものもあるが、肉や魚に含まれているビタミンB₂は加熱しても壊れない。ビタミンCも同様に加熱に強い。フルーツの缶詰は手軽にビタミンが摂れるのと、食欲がないときでも比較的食べやすいのが利点だ。鮮やかな色合いと甘さ、酸味は元気を取り戻してくれるは

写真2　やきとり缶詰のタレを熱湯で割ってスープに

ずである。

トマト缶は煮込んでパスタソースなどにするのが一般的だが、加熱しなくても食べられる。カットタイプのトマト缶なら生野菜の代わりになるし、カップ麺やアルファ米に加えれば、トマトの栄養とうまみを加えられる。

缶詰クッキング術

①さば缶、やきとり缶などの汁を使い切る

余った汁（タレ）は味噌汁などに入れて飲む。あるいは熱湯（水）で倍に薄めると、食材のダシが利いた1人分のスープになる（写真2）。

汁を飲むと「塩分を摂りすぎでは？」と気になる人もいると思う。しかし、缶詰で使われる塩分量は一般的な家庭料理よりも少ない場合が多い。たとえば、さば水煮缶の場合、汁まで含めての塩分相当量は100g当たり1g未満のものがほとんど。内容量170gのさば水煮缶なら、汁まで飲み干しても塩分量は1.7g未満である。

②アルファ米をトマトジュースで戻す

アルファ米やフリーズドライ米は水で戻せるが、その際にトマトジュース（野菜ジュースも含む）を使えばビタミンCや食物繊維を補完できる。

写真3　アルファ米に豚肉の角煮缶、
フリーズドライのグリーンピース
を足した例

③ アルファ米、カップ麺などを湯で戻すときに缶詰を加える

　アルファ米（フリーズドライ米含む）やカップ麺などを熱湯で戻すときに、缶詰を具材として一緒に入れると、主食とおかずの両方が同時に温められる。災害時に貴重な燃料と水を節約することができる（写真3）。

嗜好品も備えたい

　災害食は必要最低限の栄養が摂れればいいと考えがちだ。しかし、2011年に起こった東日本大震災で避難生活を送った人たちの多くが「甘いものが食べたかった」と発言している。大きなストレスが掛かる災害時は、身体だけでなく心の栄養も必要なのだ。

　缶詰でも本格的なスイーツがいくつか登場しており、どれも賞味期限が長いから（基本的には3年）、備蓄する

にも申し分ない。例をあげると、トーヨーフーズの「どこでもスイーツ缶カップケーキ」（メイプル味などの味付けで3種類）、同「どこでもスイーツ缶チーズケーキ」（チーズのほかガトーショコラなど3種類）、黒潮町缶詰製作所の「焼きイモのしっとりタルトケーキ」などがある。どの缶詰も香りが高く、お店で食べるスイーツと遜色のないレベルだ。一度食べ比べをしてみて、気に入ったものをぜひ災害食に加えてほしい（写真4）。

写真4　黒潮町缶詰製作所の焼きイモの
しっとりタルトケーキ

14 味にバリエーションをつける

ミックススパイスに注目

　ライフライン復旧後も不自由なく食材が手に入るようになるには、まだ時間がかかりそうです。手軽に味変を楽しむ調味料としてスパイスは重宝します。

　あらかじめ調合されたミックススパイスは、それだけで味が決まります。

〔ミックススパイスいろいろ〕

◇カレー粉……日本のカレー粉は20〜30数種のスパイスが使われており、メーカーによって原料の種類や配合が異なる。

◇ガラムマサラ……インド生まれの混合スパイスで3〜10種類のスパイスが配合され、料理によって肉用、魚用、野菜用などと作り替えたりもする。

◇チリパウダー……チリペッパーに数種類のスパイスを配合した、いわば洋風七味唐辛子。

◇シーズニングスパイス……スパイス類と食塩、砂糖などの調味料とを混合したもの。ガーリックソルトやシナモンシュガー、花椒塩などのほかステーキ用、バーベキュー用、サラダ用など料理別に調合されたものもある。

出典：山崎春栄『スパイス入門』
　　　（2017年）

pick up! 保存食

昆布茶・塩昆布
昆布のうまみ成分グルタミン酸はアミノ酸の一つ。隠し味だけでなく、味付けの主役としても活用できる。

パスタソース
「あえる、かける」タイプが人気。炒飯やリゾットの味付けにしたり野菜を和えたりしてアレンジ。

プレミックス
小麦粉等粉類に調味料や添加物等で使いやすく調整したもの。ホットケーキやお好み焼き、唐揚げ用など。

ふりかけ
具だくさんのものはふりかけごはんで満足。いつものふりかけは調味料としての利用もできる。

ふりかけ・お茶漬け市場

　ご飯を中心とした和食文化の食育や、おかず代わりの経済価値などの機能面からも需要が伸びているふりかけ市場。柔らかい素材で風味豊かなソフトタイプも定着し、天然素材のものも人気です。節約志向で経済的なおむすびの作り置きなどが浸透し、混ぜごはんの素やおむすびの素もよく買われています。

　バター醤油、うなぎ、激辛、タコライス、サクサクのエビ、ざくざくわかめなどユニークな素材を使った商品もたくさんあり、最近では家族それぞれが好みのものをストックするパーソナルユースも増えています。また、ふりかけを調味料として提案するメーカーもあり、何種類かストックしてあると食べるのが楽しみです。

　お茶漬けの素では、冷やし茶漬けのほか、朝ごはんメニューとしてのお茶漬けを大手メーカーが推進しており、食べるシーンが広がっています。

15 塩分摂りすぎ注意!

本当は1日2g（食塩相当量）程度でOK

　かぎられた食材・調理器具で加工食品中心の食生活を続けていると、どうしても塩分多めとなります。生活に余裕が出てきたら、食生活も見直してみましょう。

　1日の塩分摂取量は、成人1日当たり男性7.5g未満、女性6.5g未満※と設定されていますが、本来必要な1日当たりの摂取量は2g程度。塩分を抑えるためには、だし風味を効かせるなど調理に工夫をすると同時に、食物繊維やカリウムを摂るようにします。

　食物繊維は脂質・糖・ナトリウムなどを吸着して体外に排出する働きがあります。カリウムはナトリウムと作用し合いながら細胞の浸透圧や水分を調整するなどの働きをしており、余分なナトリウムを体外に排出します。カリウムは、果実類、豆類、海藻類などに含まれています。

出典：厚生労働省e-ヘルスネット　大阪公立大学大学院　由田克士教授

※　厚生労働省「日本人の食事摂取基準（2020年版）」

減塩食　かるしお®

　国立循環器病研究センター（国循）では、食生活改善の啓発のため、かるしお®プロジェクトという取り組みを行っています。かるしお®とは、国循が推奨する「塩をかるく使って美味しさを引き出す」減塩の新しい考え方。塩を排除するのではなく、おいしさを引き出す調味料として効果的に使うことで塩の絶対量を減らす調理方法です。

　減塩でおいしい製品を国循が審査し、かるしお®認定基準を満たした製品には「かるしお®認定マーク」の表示が認められます。

　国循の現地調査によると、東日本大震災被災後の生活は塩分過剰摂取や不活発状態等になっており高血圧や肥満が悪化していました。循環器病予防の観点から、非常時は平常時以上に「食生活と血圧の自己管理」が非常に重要だと考えられます。減塩に配慮された「かるしお®マーク」の食品を非常食に取り入れてはいかがでしょうか。

〔食品の食塩相当量のめやす〕
・カップラーメン（80ｇ）……3ｇ
・カップ焼きそば（100ｇ）……5～6ｇ前後
・レトルトカレー……1.7ｇ（100ｇ当たり）
・インスタント味噌汁……2ｇ前後
出典：文部科学省『日本食品標準成分表2020年版（八訂）』

かるしお®マーク

〔かるしおの認定基準〕（抜粋）

弁当・定食等	・1食600kcal程度、たんぱく質25～30ｇ、脂肪エネルギー比25％以下、食塩相当量2ｇ未満 ・野菜（海藻・きのこを含む）使用量150ｇ以上 ※主食なしの場合は、一緒に摂取を推奨する主食の食品名・量を設定
単品・惣菜等	・1品（1人前）として適量であり食塩相当量0.5ｇ未満 ・単なる素材を混ぜ合わせたものは除く ・1人前の分量が明記または明確であること
調味料類 加工食品	・同質の他の食品より30％以上食塩相当量をカット ・食塩相当量を1食あたり2ｇ以上含むものには、成分表示以外にも明確な表示を行う

資料：国立研究開発法人 国立循環器病研究センター　かるしお®プロジェクトホームページより

16 肥満の問題!?

急な体重増加に注意

　東日本大震災と原発事故に起因した被災者の「避難」は、肥満やメタボリックシンドロームの有病率を高めたことが明らかとなっています。

　日本の成人男性の肥満者は 1995 ～ 2012 年の 17 年間で割合が 4.8％増加しています[1]。一方、東日本大震災前後で肥満者の割合は 7.3％増えており[2]、日本で十数年かけて増加してきた肥満者の割合が、避難者においては 1 ～ 2 年の間に起こったことを示しています。

　短期間に体重が増えると、高血圧症や脂質異常症、糖尿病になりやすくなります。同調査から、肥満度だけでなく新たな体重増加もこれらの病気につながる可能性があり、もともとやせていたから太っても大丈夫とは言えなくなりました。

　偏った食事や運動不足による肥満に注意し、健診が可能な環境であればチェックするようにしましょう。

※1　厚生労働省「国民栄養・健康調査」
※2　福島県立医科大学放射線医学県民健康管理センター調査

pick up! 保存食

春雨
低 GI 値食品。GI 値とは、血糖値が上昇する速度を数値化したもの。春雨は、緑豆またはジャガイモなどのデンプンを原料につくられた食品。

そば
他の穀類と比較してタンパク質や食物繊維が多い。そばに含まれるルチンは毛細血管を強化し血圧を下げるとされる。

オートミール
食物繊維が豊富で鉄分やカルシウムも多く、注目の食材。水分を加えて離乳食や介護食としても利用できる。

い も
炭水化物として食べると低カロリー。熱を加えても壊れにくいビタミンCやカリウム、食物繊維が豊富。

肥満の判定と肥満の型

肥満度の判定には国際的な標準指標である BMI（Body Mass Index）が用いられています。BMI は体重÷（身長の 2 乗）で表され、男女とも標準 BMI は 22.0 です。肥満は、脂肪組織に脂肪が過剰に蓄積した状態で BMI25 以上と定義づけられています。

肥満には、お腹に脂肪が多い「内臓脂肪型肥満（リンゴ型肥満）」と、下半身を中心に皮下脂肪が多くたまっている「皮下脂肪型肥満（洋ナシ型肥満）」にわけられます。洋ナシ型肥満は内臓脂肪が少ないため健康上の問題は小さいですが、リンゴ型肥満は糖尿病、高血圧、脂質代謝異常などを発症する危険性が高くなります。

肥満を防ぐには、食事と運動のバランス改善が第一。しかし、極端な食事制限は長続きせず、精神的にも悪影響を与えます。食事のリズム（欠食、食事時間など）を見直し、運動を継続的に行うことが大切です。できるだけ運動を取り入れるようにします。

出典：厚生労働省e-ヘルスネット　青森県立保健大学大学院　三好美紀教授

17 オーラルケア

災害時のオーラルケア

　被災後の不規則な生活や偏った食事、ストレスなどが原因でだ液が出にくくなるなど口腔トラブルが起こりがちです。口が乾燥するときは、水分を口に含んで潤すほか、ガムを噛んだりマスクをつけたりするのも良いでしょう。

　歯みがきもおろそかになると細菌が増殖します。免疫力の低下に加えて口の中の不衛生な状態は肺炎やインフルエンザなどの感染につながります。非常時であっても、歯みがきやうがいなどの口腔ケアを必ず実施するようにしましょう。

　水が不足している場合、歯ブラシの汚れをティッシュで拭き取りながら歯みがきを行い、最後にすすぎます。すすぎの際、一度にたくさんの水を含んで吐き出すよりも、少しずつ口に含んで吐き出すことを繰り返す方が効果的といわれています。

出典：厚生労働省構成労働科学研究「大規模災害時における歯科保健医療の健康危機管理体制の構築に関する研究」研究班報告書、口腔ケア学会

キシリトールガム

　キシリトールは糖アルコールの一種で、砂糖と同じ甘味度がある。むし歯の発生や進行を防ぐ働きがある。

マウスウォッシュ

　むし歯・歯周病予防や口臭予防として、手軽にケアできる。歯みがきと併用して補助的に使用したい。

液体はみがき

　口に含んですすいだ後、ブラッシング。練り歯みがきのように泡立たないため、水でのすすぎが不要。

緑　茶

　緑茶に含まれるカテキンの抗菌・殺菌作用により、むし歯や口臭を防ぐとされる。カテキンはお茶の渋み成分。

むし歯の原因

　むし歯になる原因は、むし歯菌・砂糖・歯の質の３つにまとめられます。

　歯に砂糖が付くと、むし歯の原因菌が砂糖を分解して歯垢ができ口の中が酸性になります。これが歯のカルシウムを溶かし、やがてむし歯が発生します。

　むし歯を防ぐには、歯垢を歯みがきによりすぐに取り除くことです。歯垢は粘着力があって水に溶けないため、うがいでは取り除くことができません。また、歯間は歯ブラシでは半分程度しか落とすことができないため、糸ようじなどと併用する必要があります。

　むし歯の予防にフッ化物入りの歯磨き粉が推奨されますが、フッ化物は、歯質の耐酸性獲得や結晶性の向上、再石灰化を促進してむし歯の抵抗性を高める働きをするとされています。現在さまざまなフッ化物の応用が世界120カ国で利用されています。

出典：厚生労働省e-ヘルスネット　新潟大学大学院　葭原明弘教授、濃野 要教授

18 持ち歩きに最適

外出時に地震が発生したとき

首都圏で地震に遭遇した場合、むやみに移動しないことが基本。割れた窓ガラスや落下物、火事などの危険に遭遇したり、大混雑による集団転倒などに巻き込まれたり、建物の倒壊や道路の損壊などで通れなくなる可能性があるからです。また、人があふれることで消防車や救急車などの通行の障害となります。

まずは一時滞在施設[1]などの場所にとどまり、安全確認後「安全に」「自力で」「歩いて」帰宅します。途中、「災害時帰宅支援ステーション」[2]のステッカーを探すと良いでしょう。途中で水や食料が足りなくなったりトイレが使えなかったりすることを考え、普段から帰宅グッズを持ち歩くようにします。

また、電話がつながりにくくなるため、災害伝言板など電話以外の通信手段を決めておきます。

※1 帰宅が可能になるまで待機する場所がない帰宅困難者等を一時的に受け入れる施設。

※2 水道水、トイレ、情報、休憩の場を提供するお店。

資料：首都直下地震帰宅困難者等対策連絡調整会議

ナッツ
　糖質のほか脂質も多く、少量でもハイカロリー。おつまみ用ナッツは塩分も含む。

ラムネ菓子
　主な原料は砂糖またはブドウ糖、酸味料（クエン酸）、デンプン。少しずつ食べられ、携帯に便利。

アメ
　個包装されているので場所を取らない。賞味期限は製造後１年くらいに設定されている。

水
　初災後、自動販売機やコンビニは商品がすぐに売り切れる可能性があり、１本持ち歩いていると安心。

ナッツの効用

　種実類であるナッツは高脂質ですが、多くは必須脂肪酸を含む不飽和脂肪酸。種類により、各種栄養成分を含んでいます。

◇アーモンド……ビタミンEを豊富に含む。薬膳の観点から気持ちを安定させるとも。

◇カシューナッツ……オメガ９系脂肪酸のオレイン酸が多い。亜鉛や鉄分、ビタミンB1も含む。

◇クルミ……中国では「健脳の木の実」といわれる。ナッツのなかでオメガ３系脂肪酸（α-リノレン酸）をもっとも多く含む。

◇マカダミアナッツ……オレイン酸が多い。パルミトレイン酸を含み、肌荒れを防ぐ。

◇ピーナッツ……ナッツではなく豆類。他のナッツ類と比較してタンパク質が多い。ビタミンEを多く含む。薄皮はポリフェノール。

◇ピスタチオ……栄養価が高く「ナッツの女王」とも呼ばれている。カリウムやビタミンB6などを含む。

19 一人暮らしの非常食

食品の賞味期限

　一人暮らしでは必要なときに必要分を買う生活で、ストックする発想があまりないかもしれません。それでも災害時、支援物資がすぐに届くとはかぎらないので、少しずつ備蓄するようにします。

　備蓄の定番、缶詰やレトルト食品、びん詰は容器に密閉して加熱殺菌しているため、開封されなければ保存性は永く保たれます。しかし、「賞味期限」という観点から、中身の食材の品質が缶詰に関しては4年前後でやや低下します。レトルト食品の場合は、多くの食材や調味料などを使用しているために品質が変化しやすく、缶詰よりも短く設定されています。びん詰は、容器が透明なため光の影響を受けるものもあり、やはり缶詰よりも短く設定されています。

〔賞味期限のめやす〕

レトルト食品……1～2年

缶詰……3年

びん詰……約半年～1年

カップ麺……約半年

出典：(公社)日本缶詰びん詰レトルト食品協会 監修『缶詰入門』(2020年)

pick up! 保存食

α化米

阪神・淡路大震災以降広く普及。それまでの災害食といえば乾パンが中心だったが、災害時にも柔らかいごはんを食べたいという声に応えた。

包装米飯

加熱殺菌した後に炊飯し密封包装したもの。炊飯後に熱を加えないので普通のごはんと食味はそれほど変わらない。常温で6カ月から1年ほど保存可能。

レトルト米飯

調理したごはんを容器に入れて密封した後加熱殺菌したもの。常温で1年ほど保存できる。白ごはんの他すぐ食べられるおかゆや雑炊なども人気。

ロングライフ食品

無菌環境下での充填・包装など製造技術の進歩により、保存料や防腐剤を使用することなく長期保存を実現。食品ロス削減にも貢献。

コメよりごはんを買う時代に

日本人のお米の消費は年々減っていますが、パックごはんといわれる包装米飯の生産量は増え続けています。理由は、2011年の震災以降、防災意識が高まり非常食に常備する需要が高まったこと、加えて、お一人様高齢者など世帯構成の少人数化や女性の社会進出といったライフスタイルの変化による日常食としての利用も増えたこと、などがあげられます。

近年はコロナ禍で自宅療養者向け支援物質にパックごはんが活用され、その簡便性やおいしさが再認識されたようです。

パックごはんの賞味期限は10カ月～1年に設定されています。これは、加熱したときの水分不足によるパサつき具合によって決められ、水分活性の高い米飯が包装を通して常に水分が逃げて重量が減少することに由来します。

パックごはんは便利な食品ですが、喫食時に温める必要があるため、災害時の備蓄としては注意が必要です。

災害食は先端技術のかたまり

実践女子大学名誉教授　田島　眞

災害食は究極の食品保存

災害は、いつやってくるかわかりません。その日のために、日頃から保存しておくのが災害食です。その日は、明日かもしれませんし、10年後かもしれません。ですから、災害食は、長期の保存が求められます。

食品の保存技術は、人類の歴史から始まっています。肉を焚火の煙でいぶしたり、海水からとった塩を利用して魚を保存したりしていました。そうすれば長期間安全に食べられることを知っていたのです。一方、現代的な保存技術は、缶詰の発明からです。ニコラ・アペールがびん詰を発明したのは1804年。彼は、食品を加熱して空気を追い出し、密封すれば食品が長持ちすると考えました。食品が悪くなるのは、空気のせいだと考えられていたからです。これにより彼は、ナポレオンの軍隊食の懸賞に当選しました。その後1861年、ルイ・パスツールによって腐敗が微生物によると発表されました。

やがて近代の科学技術の発展により、食品の保存技術にも革新が行われ

図表1　災害食に利用される保存技術			
分類Ⅰ	分類Ⅱ	分類Ⅲ	例
乾燥	自然乾燥		干物
	人工乾燥	通気乾燥	野菜
		ドラム乾燥	マッシュポテト
		噴霧乾燥	粉乳
		遠赤外線乾燥	穀類
		マイクロ波乾燥	調理食品
		凍結乾燥	インスタント食品
レトルト殺菌	缶詰		飲料
	瓶詰		ジャム
	レトルトパウチ		カレー
UHT			LL牛乳
無菌包装			パック米飯
中間水分食品			羊羹

ました。第2次大戦後に開発された冷凍技術と包装技術は、食品の長期保存に革新をもたらしました。

災害食に用いられる保存技術

災害食は、一般的に常温で保存されます。ですから、冷凍技術は使えません。では保存にどんな技術が用いられるのでしょうか。図表1に概略を示しました。

一つ目の保存技術は、腐敗の原因となる微生物の繁殖を促す水分を除くことです。太陽光による自然乾燥や熱風乾燥は古くからの技術です。新しい乾燥法には次のようなものがあります。

- **噴霧乾燥**……スプレードライともいう。液状食品を乾燥室内に噴霧して乾燥するもので、品温が上がらないので品質の劣化が少ないのが特徴。

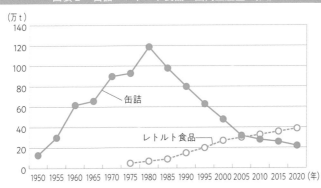

図表2　缶詰・レトルト食品の国内生産量の推移

・**遠赤外線乾燥**……遠赤外線は、空気を温めないで直接、食品を加熱するのでエネルギー効率が良い。
・**マイクロ波乾燥**……電子レンジで利用されるマイクロ波を食品に照射して内部から水分を除去する。乾燥時間が極めて短いのが特徴。
・**凍結乾燥**……別名フリーズドライ。凍結状態で乾燥するので品質がそのまま保たれる。復水すると、乾燥前の形状がそのまま再現できる。

二つ目は、レトルト食品です。正式にはレトルトパウチ食品といい、耐圧・耐熱性のパウチ（袋）に充填して、120℃の加圧加熱殺菌をした製品です。原理は缶・びん詰と同じですが、フレキシブルな容器に充填することで、利便性がはるかに増しました。図表2に缶詰とレトルト食品の国内生産量を示しました。2005年には、レトルト食品の生産量が缶詰の生産量を抜きました。

多くの災害食がレトルト食品です。

缶詰と同様に完全殺菌されていますので、長期間保存できます。通常は、商品の流通管理の都合上、3〜5年の賞味期限が表示されていますが、原理的には容器の損傷がなければほぼ永久に保存できます。

加熱殺菌では、液状食品のUHT（超高温短時間殺菌）も有効な技術です。UHTとは、100℃近辺で沸騰する液状食品を加圧することで、120〜150℃で1〜3秒間加熱して完全殺菌する技術です。微生物の殺菌には、温度の効果の方が時間の効果より大きいことを原理としています。この技術によって常温で保存可能なLL（ロングライフ）牛乳が実現しました。

無菌充填包装技術も新しい保存技術です。これは、殺菌した容器に殺菌した食品を無菌状態下で充填する技術で、飲料などに利用されています。災害食として目にするのは、パック米飯でしょう。白飯をはじめ各種のパック米飯が利用されます。

図表3　災害食と宇宙食の比較

項目	災害食	宇宙食
利用者	一般人（乳幼児・高齢者を含む）	宇宙飛行士
保存性	常温で長期間（最大数年間）	常温で1年6カ月以上（JAXA認証基準）
調理特性	火を使わず調理が好ましい	ヒーターによる加温のみ
栄養性	栄養バランスが良いこと	完全栄養（認証基準あり）
衛生性	HACCP準拠	HACCP準拠、昆虫も規制
食物アレルギー対応	食物アレルギー対応が求められる（特定原材料は表示義務）	不要
食品形態	乾燥食品、缶詰・レトルト食品、中間水分食品、飲料など	乾燥食品、缶詰・レトルト食品、中間水分食品、飲料は粉末タイプのみ（加水して飲用）
包装材	制限なし	制限あり（オフガステストあり）
廃棄物	少ないことが求められる	同左

　また、中間水分食品は、古くて新しい技術です。砂糖漬けなど、水分が多くても保存性が良いのは、微生物が繁殖するのに必要な食品中の自由水を結合水に変えているからです。近年は、砂糖のような味の濃いものではなく、糖アルコールのような味の少ないものを利用した中間水分食品が広く利用されています。これからも、新しい保存技術を利用した災害食の誕生が期待されます。

災害食と宇宙食

　災害食に求められる技術は、実は、宇宙食に求められるものと一致しています。図表3に災害食と宇宙食の比較を示しました。常温で長期間保存するために、最先端の技術が使用されます。宇宙食と災害食は、最先端技術のかたまりと言ってよいでしょう。

　宇宙食については、米国NASA（航空宇宙局）により、1960年代のアポロ計画から開発が始まりました。その後、ISS（国際宇宙ステーション）の建設・運用に日本も加わることになり、日本人宇宙飛行士のために「宇宙日本食」の開発が始まりました。「宇宙日本食」は、民間の食品企業が開発を行い、JAXA（宇宙航空研究開発機構）が認証するものです。2023年現在、認証されているのは52食品となります。

　常温で長期間保存できること、調理器具なしで喫食できること、など宇宙食と災害食は共通点が多くあります。現実に、災害食を製造している企業が宇宙食を提供しているケースも多々あります。一例としてアルファ化米飯を紹介します（写真1）。アルファ化米飯は、長期間保存できる災害食の定番ですが、宇宙食としても日本食の定番の米飯が楽しめるということで好評です。

　現在、JAXAと一般社団法人日本災害食学会は連携をとっており、「宇宙日本食」として認証されたものは、簡単な手続きで日本災害食学会の「日本災害食」に認証されます。

　災害食と宇宙食が異なっているのは、その利用対象です。災害食が一般人であるのに対し、宇宙食は宇宙飛行

士に限定されています。一般人が利用するときは、食物アレルギーを考慮する必要があります。多くの災害食が、アレルギーの特定原材料不使用となっているのはこのためです。宇宙食にはアレルゲンの表示などありません。

新しいレトルト食品

レトルト食品の製造技術はますます進むなか、とくに大きく進化した点が2つあります。一つは、透明包装材の使用です。従来のレトルト食品は、加圧加熱殺菌時の耐久性を担保するため、アルミを積層した包装材を使用しています。アルミは空気を通さないので、長期間の保存にも適しています。レトルト食品が缶詰に代わって登場したのは、このアルミ積層包装のおかげともいえます。ところがプラスチック包装材の進歩により、プラスチック積層でも耐久性と空気遮断性が得られるようになったので、透明包装材タイプのレトルト食品が誕生しました。アルミを使用しないので、電子レンジで使用可能です。お湯でボイルするのは手間がかかります。災害時でも電子レンジが使用できれば、手軽に利用できます。

もう一つは、ボイルなしで、常温でおいしく食べられるカレーです。これまでのレトルトカレーは湯煎で5分間温める必要がありました。新製品は、融点の低い植物性の油脂を使用することで、常温でも口当たりの良い製品となっています。災害食としては、加熱

尾西食品㈱製造のアルファ化米飯：75〜85℃のお湯を加水して30分後に喫食する。
左：外装　右：内装、上部に加水用注湯口がある。

写真1　災害食としても利用されている
　　　　宇宙食の例（山菜おこわ）

手段が用意できないときに、とても重宝します。レトルト食品の多くは、ボイルなしで封を切ればそのまま食べられますが、カレーが加わったことで災害食のバラエティーが増えました。

今後の課題

災害食としての今後の課題として、一つは、SDGsへの対応でしょう。災害食といえども環境への負荷は、低減することが求められます。素材の選定、包装材料の選定、省エネの調理法など考えることは多々あります。

2番目は、アレルギーへの対応です。特定原材料は常に見直されています。迅速な対応が求められます。

【参考文献・資料】

大阪広域水道企業団「災害に備え「飲料水を備蓄」しましょう」

兵庫県立大学大学院看護学研究科　21世紀COEプログラム「－ユビキタス社会における災害
看護拠点の形成－看護ケア方略　看護ケア方法の開発班（小児看護学）」

厚生労働省「食べて元気にフレイル予防」

（公社）日本缶詰びん詰レトルト食品協会 監修『改訂４版 缶詰入門』（2020）

阪口珠未『薬膳＆漢方の食材事典』ナツメ社（2013）

（一社）日本ガス石油機器工業会「カセットこんろ・カセットボンベの安全な使い方」

山根清孝『フリーズドライ入門』（2020）

厚生労働省　e-ヘルスネット

唐木英明『健康食品入門』（2023）

大坪研一 監修『お米の未来』（2013）

家森幸男・奥薗壽子 監修『すべてがわかる！「乾物」事典』世界文化社（2013）

櫻井大典『病気にならない食う寝る養生』学研プラス（2022）

厚生労働省「熱中症予防のための情報・資料サイト」

山崎春栄『改訂４版 スパイス入門』（2017）

矢野敏博・西野　甫 監修『改訂２版 レトルト食品入門』（2015年）

文部科学省『日本食品成分表2020年版（八訂）』

国立研究開発法人国立循環病研究センター　かるしお®プロジェクトホームページ

厚生労働省構成労働科学研究「大規模災害時における歯科保健医療の健康危機管理体制の構
築に関する研究」研究班報告書、口腔ケア学会

首都直下地震帰宅困難者等対策連絡調整会議「震災時の帰宅行動」

斎藤祥治・内田　豊・佐野寿和『改訂版 砂糖入門』（2016年）

第 **3** 章

災害食　最前線

〔災害食大賞　概要〕

主　催……（一社）防災安全協会

後　援……日本食糧新聞社／日本食育学会／日本防災産業会議

流　れ……エントリー（２月～）→１次審査（各部門５品に絞る）→最終審査

審査員……奥田和子甲南女子大学名誉教授、田島　眞日本食育学会会長、国崎信江

　　　　　危機管理研究所代表（2022年）、黒川勇人缶詰博士

日本食糧新聞2023.8.4付「災害食特集」

日本食糧新聞2022.8.3付「災害食特集」

災害食大賞

優れた商品を国内外に発信

東日本大震災では発生直後、スーパーやコンビニエンスストアの棚から食料品が消え、災害時に命を守る食料の確保が重要という教訓を残しました。

かつて大規模地震は 150 年サイクルで発生するといわれてきましたが、近年は 20 ～ 30 年サイクルで起きています。台風や大雨など水害も含め、自然災害が多発するわが国では、命は自ら守る自助が大切ですが、家庭での防災用食料備蓄は 5 ％にとどまっています。

「災害食大賞」は、防災安全協会が毎年実施する表彰制度です。日本食育学会や日本防災産業会議など各団体も後援し、優れた災害食・非常食を国内外に発信しています。

2022 年は、「お米・炭水化物」「缶詰」「レトルト」「ローリングストック」「新製品・セット」「健康・アレルギー対応」の 6 部門と、特別賞として「日本食育学会賞」「日本食糧新聞社賞」「日本防災産業会議賞」「缶詰博士賞」「復興支援・地域貢献賞」「パッケージデザイン賞」「防災安全協会賞」「防災安全協会奨励賞」の 8 賞が設けられました。試食を通じて厳正な審査を行い、各部門の優秀賞・奨励賞と特別賞を決定しました。

食のサステナビリティが視野に

「SDGs・災害食大賞 2023」では、食のサステナビリティを視野に「SDGs取組み」を新たな部門として設け、「お米・炭水化物」「缶詰」「レトルト」「ローリングストック」「健康・アレルギー対応」と合わせた 6 部門での表彰となりました。さらに、特別賞として「日本食糧新聞社賞」「日本食育学会賞」「ヤフー・SDGs 貢献賞」「ヤフー・SDGs 地域貢献賞」「缶詰博士賞」「防災安全協会賞」「防災安全協会奨励賞」が設けられました。

災害食大賞2022

部門／賞	商品名	企業・団体名
お米・炭水化物部門		
最優秀賞	マジックライス ミニ五目ご飯	サタケ
優秀賞	その場deパスタトマト	エス・アイ・オー・ジャパン
優秀賞	2食小分けパックごはん3P	神明
優秀賞	鯛CAN飯	光工業
缶詰部門		
最優秀賞	いわし味付 ゆず風味100g	極洋
優秀賞	やきとりたまご たれ味	ホテイフーズコーポレーション
優秀賞	さばのカレー煮	マルハニチロ
奨励賞	ノザキのコンビーフ80g	川商フーズ
レトルト部門		
最優秀賞	7年保存レトルト食品9品	グリーンデザイン＆コンサルティング
優秀賞	備蓄用ビーフカレー200g	ハチ食品
優秀賞	そのままOKカレー中辛・甘口	一徳屋
奨励賞	さんまの旨煮	兼由
ローリングストック部門		
最優秀賞	冷製もち麦のポタージュ粥コーンスープ仕立て	はくばく
優秀賞	Soy Bodyほんのりバニラ	キッコーマンソイフーズ
優秀賞	わかめスープ	理研ビタミン
奨励賞	那須高原牛乳パン ミルク味 神田五月堂	星野物産
新製品・セット部門		
最優秀賞	震災で学んだ災害用備蓄食セット	日乃本食産
優秀賞	ずっとおいしい豆腐	さとの雪食品
優秀賞	美味しい非常食 スティックバウムクーヘンココア味	アルファフーズ
健康・アレルギー対応部門		
最優秀賞	ぜんざいおはぎRT 170g	アルファー食品
優秀賞	えいようかん	井村屋
優秀賞	リポビタンゼリー長期保存用	大正製薬
奨励賞	玄米ご飯 佳の舞	味きっこう
特別賞		
日本食糧新聞社賞	カップヌードルローリングストックセット	日清食品
日本食育学会賞	米粉でつくった山菜うどん	尾西食品
日本防災産業会議賞	農協の飲めるごはん	北大阪農業協同組合
パッケージデザイン賞	KOIKEYA LONG LIFE SNACK（6缶セット）	湖池屋
缶詰博士賞	いわし蒲焼	マルハニチロ
復興支援・地域貢献賞	HOT PLUS マルチウォームバッグ	山本商事
防災安全協会賞	フィッシュソーセージ5本束	丸大食品
防災安全協会奨励賞	調理不要食ユニフーズ7ザ・カレーライス	非常食研究所

マジックライス　ミニ五目ご飯

気軽に食べ切れる小サイズ

サタケ

マジックライス「ミニシリーズ」は、通常サイズの2分の1の50gと茶わん小盛り1杯分。アレルギー特定原材料28品目不使用で、保存期間は5年間。個食タイプなので非常時やアウトドアなどで便利に食べることができる。「五目ご飯」「ドライカレー」「わかめご飯」の3種類を揃え、今回受賞した「五目ご飯」は、野菜のうまみとだしのあっさりとした味が楽しめる。

内容量50g、希望小売価格260円（税別）。80mlの水またはお湯を入れるだけの簡単調理でおいしい五目ご飯が楽しめる。

2食小分けパックごはん 3P

110g入りで残食を防止

神明

保存食としても定着した無菌米飯だが、当品は1食110g入りの茶わん小盛サイズが2品連なった商品で、中央のミシン目で1食ずつ切り離すことができる。

3パックセットで販売しており、ローリングストックへの活用にも最適。ストレスの多い災害時は食欲も減退しがちなだけに、小容量で残食を防止し、食品ロス削減にも貢献できる。北アルプスの天然水でふっくら炊き上げてパッキングし、食品添加物無添加。粘りやコシ、甘みやコクに優れたおいしいご飯とファンは多い。

鯛CAN飯

病院向け備蓄食品としてもメリット

光工業

缶に直接熱湯または水を入れて蓋を閉じて15分（水では60分）で優しい味わいの鯛飯ができる。特殊構造の缶を採用し、お湯で熱くならない。保存は3年間で、野菜が摂取しにくい非常時、とくに必要とされる食物繊維（難消化デキストリン）が豊富で、アレルギー特定原材料28品目不使用。

広島大学病院と創業80年以上の缶メーカーとの共同研究で誕生した同品は、注ぐ熱湯（水）の量によりご飯やおかゆ、雑炊風と自在に作り分けられ、飲み込む力の弱い乳幼児や高齢者、病人にも対応できる。

いわし味付　ゆず風味100g

食欲そそりストレス癒やす

極洋

発売は2021年。通常、イワシ缶には味噌・醤油味が多いが、風味とおいしさにこだわり、和風の優しい味付けを目指した。ユズの爽やかな香りは醤油ベースのたれと非常に相性が良く、ユズの香りが食欲をそそりストレスを癒やす。また、汁が少なめなので残食の汁の捨て場に困らない。

味付けの完成度の高さから、食欲が落ちる非常時にも最適。青魚缶は高タンパクな上、カルシウムやDHA・EPA含有など、栄養価にも優れている。

やきとりたまご たれ味

タンパク源として重宝

ホテイフーズコーポレーション

焼き鳥缶詰が「宇宙日本食」認証を受け、広く関心を集めているなか、同品は国産鶏肉を炭火でじっくり焼きあげた「やきとり」と鶏卵が一つの缶に入っている。

子どもでも簡単に親子丼を作ることができるうえ、鶏卵と鶏肉が入っているためタンパク源として災害時には非常に望ましい商品といえる。

13年に発売した、ウズラの卵を使用した「とりたま たれ味」が非常に好評だったことを受け、使用する卵を鶏卵に変更した。

ノザキのコンビーフ80g

大幅刷新で利便性向上

川商フーズ

同品は戦後食糧難の時代に生まれ、さまざまな変遷を経て現在にいたる歴史的なロングセラーだ。当初は瓶詰の200g容量で登場した。20年には先進的なアルミ缶入りに刷新して賞味期限の延長を実現し、非常食としても利便性を高めた。同年、利用実態を踏まえて容量も100gから80gへと減量した。また、トップシールとすることで、開けやすさも改善。これらにより、機能性や利便性の向上を図った。

こだわり製法は堅持。特徴である手作業によるほぐし工程では、筋肉の膜や皮など食感を損なう部位を丁寧に取り除いている。

さんまの旨煮

骨まで軟らかく素朴な味わい

兼由

北海道東沖で漁獲された鮮度の高いサンマを原料に、醤油ベースの独自調味液を添え、骨まで丸ごと食べられるようじっくり煮込んでレトルトパックした。

賞味期限は約1年で保存食だけでなく、ご飯のおかずや酒のおつまみなど、普段の食事にも最適な商品となっている。

淡泊で素朴な味わいと、内容量95g（固形量70g）の小容量、食べ切りサイズでゴミも少なく、参考販売価格220円と求めやすい。同品のほか、「味噌煮」「黒酢煮」など多様な味付けをラインナップ。

冷製もち麦のポタージュ粥 コーンスープ仕立て

即食性と満足感を訴求

はくばく

商品コンセプトの「温めなくても、おいしい」利便性に加え、もち麦由来の食べ応えや栄養バランスなどが高い評価を得た。

「暮らしのおかゆ」は、ローリングストックにマッチした「おかゆを病気食ではなく、日常食として楽しむ」（同社）シリーズ。子どもから高齢者まで幅広い世代が親しめるよう野菜仕立てのスープかゆに、食物繊維や独自の食感が豊かな「もち麦」を加えた。「コーンスープ」のほか「トマトスープ」「かぼちゃスープ」（各180g、希望小売価格税別280円）を展開。

わかめスープ

食物繊維など豊富で栄養の偏り防ぐ

理研ビタミン

1981年の発売以来、同社の家庭用の看板商品の一つとして今も売れ続けているロングセラー商品。たっぷりわかめ入りの即席スープは、当時としては珍しかった「食べるスープ」としてのポジションを確立した。

災害食は炭水化物が多く、長期間にわたると体調を崩す原因にもなるが、わかめメは食物繊維やカルシウム、ビタミンなどが豊富で、栄養の偏りを防ぐことにもなる。

日常、食べ慣れているおいしさは、災害食として大切なことである。

那須高原牛乳パン ミルク味 神田五月堂

新鮮な牛乳練り込みソフト食感60日継続

星野物産

那須塩原千本松牧場の新鮮な牛乳（65℃30分の低温殺菌牛乳）をたっぷり練り込み、保存料無添加で約60日間の常温保存を可能にした、ローリングストックに最適なロングライフパン。原料は独自配合でブレンドしたパン専用小麦粉を採用。遠赤外線トンネルオーブンで焼きあげた、しっとりふんわりしたソフトな食感が特徴となっている。

同品のほか、「イチゴ」「コーヒー」「ブルーベリー」「メープル」「チョコレート」の6品をラインアップしている。

震災で学んだ 災害用備蓄食セット

いつでもどこでも温かい食事

日乃本食産

5年間の長期保存が可能な非常用備蓄食のセット。全6種20品入りで、4人家族で1日分の食事がまかなえる。

完全にライフラインが止まった状態でも温かい食事が摂れるよう加熱剤と加熱袋を同封。少量の水を注ぎ待つだけで、熱々に温められる。お湯があれば15分で温められ、炊き出しにも対応している。

経時劣化の起こらない非発酵性の醤油やみりん風調味料を使用し、賞味期限までつくりたてのおいしさが持続。7大アレルゲンに対応し、ハラル認証も取得。

ずっとおいしい豆腐

無菌充填技術で常温品に

さとの雪食品

常温で120日間と長期保存が可能で、不足しがちなタンパク質を摂取できる。国産大豆100％、四国のおいしい水、にがりだけを使用し、災害食としてもおいしく食べられ、普段使いでも活用したい一品である。

無菌充填技術と豆乳無菌化技術、特殊紙容器により常温品としての保存、流通を可能にした。無菌化した衛生的な空間で殺菌した容器を形成し、独自技術で無菌化した豆乳とにがりを充填。容器は5層構造でおいしさや品質を維持できる。

ぜんざいおはぎRT170g

UDF規格に適合

アルファー食品

水や食器、調理不要で温めずにそのまま食べられ、そしゃく機能にも配慮。「歯ぐきでつぶせる」区分に調整した。特定原材料等28品目不使用。国産100％のうるち米と北海道産小豆を使用し温めるといっそうおいしい。

パッケージをそのまま容器として使えるほか、スプーンが付属しているため、食器を用意する必要がない。1食273kcal。

防災食として長期の賞味期限（常温で5年）だけでなく、日常の主食としておやつとしてもおいしく食べられる。

えいようかん

ワンハンドで栄養補給

井村屋

災害・避難時に手軽にカロリー補給でき、5年6カ月の長期保存が可能なロングライフ練りようかん。特定原材料等28品目不使用。

適度に軟らかくすっきりした甘さで、水分がなくてもそのまま食べることができる。ワンハンドでカロリー補給できる（1本171kcal）ため、アウトドア利用にも適する。

開封はフィルムを引っ張るだけで簡単にできる。化粧箱の開け口のつまみは暗所でも手触りで見つけやすいよう、ホログラム加工が施され、懐中電灯などの光を反射し所在がすぐわかるよう設計されている。

カップヌードル ローリングストックセット

サブスクリプションサービス採用

日清食品

電気、ガス、水道が使えない状況でも、いつもと同じ温かい「カップヌードル」を食べることができる防災備蓄セットとして2019年9月に発売。

負荷のかかる環境下で、初めて食べる保存食ではなく、普段から食べ慣れているものを食べることで、まずは食事から日常に近い状態を取り戻してほしいと考えた。一度申し込むと、以降は自動的に商品が届くので買い忘れや賞味期限切れの心配もない。災害時に備えて最低限備えておくべきといわれる3日分の食事（9食）が確保できる。

米粉でつくった山菜うどん

非常時に温まるスープ

尾西食品

「米粉めんシリーズ」として、「米粉でつくったカレーうどん」に続いて発売。熱湯を注いで7分待つだけで、つるつる食感のうどん風米粉めんに和風かつおだしが効いたつゆが絡む。体も心も温まる、寒い季節に備えたい一品となっている。

2品とも5年6カ月の長期保存が可能で、特定原材料等28品目不使用。国産米粉を100％使用しグルテンを含まない。そのまま容器になるパッケージは、袋の開け口が大きくなるよう付属スリーブを工夫するなど、食べやすさも考慮している。

農協の飲めるごはん

栄養・水分を同時摂取

北大阪農業協同組合

コメが主原料で、味の相性が良く栄養面にも優れたハト麦や小豆を配合した穀物飲料。ほどよい食感を残し5年間の長期保存が可能。特定原材料等28品目不使用で軟らか食でもある。

阪神・淡路大震災での体験を基に、災害初期段階に不可欠な備蓄食品として開発。缶を開けてそのまま飲め、水分と栄養を同時に摂取できる。

容器は、建物の下敷きになっても破損しにくく積み上げや空中からの落下も想定したスチール缶。害獣被害も受けず、安心できる。

KOIKEYA LONG LIFE SNACK（6缶セット）

スナック菓子を缶入りで

湖池屋

スナック菓子の「災害時の備え」という価値に着目し開発。スナック菓子を長期保存するため光と酸素を遮断できる缶入りとした。

災害食としての機能を担保しつつ食べ慣れた安心感のあるポテトチップスの味わいと、日常に違和感なくフィットするデザインで、機能面に加え「ほっとする時間」という情緒面の価値を付加。これにより災害備蓄用の食の選択肢を拡大した。

「フェーズフリー」という観点からも高い評価を得ており、アウトドアでの需要など、新しいシーンを獲得している。

HOT PLUS マルチウオームバッグ

火を使わず温め・湯沸かし可能

山本商事

火を使わずに発熱剤と水を合わせることで高温の蒸気が発生し、安全に食品の温めや湯沸かしができるうえ、給水袋（1.8L入り）としても活用できる。

バッグの中の発熱層に発熱剤を封入し、加熱層に温める食べ物や水を入れて、水を注ぎ、余分な空気を抜き封をして待つ。お湯なら約10～15分、食品なら約15～20分で温まる。

公園や海辺、登山など火が使えない場所でも食材を温めることができ、さらに、簡単な調理も可能となっている。

調理不要食 ユニフーズワ ザ・カレーライス

7年間の長期保存が可能

非常食研究所

開封すればすぐに食べられるカレーライス。電気・ガス・水道などライフラインがすべて途切れても食べることができ、しかも80℃以下という過酷な環境でも7年間の長期保存を可能にした。

消化に良く、保存料や殺菌剤などは不使用で、塩分相当量は2g以下。特定原材料等28品目も不使用。

食べ方も自在で、ルーとご飯をよく混ぜればおかゆになり、そのおかゆをスプーンの側面で叩くと刻み食に、さらによく叩くと離乳食や流動食（介護食）にもなる。

SDGs・災害食大賞2023

部門／賞	商品名	企業・団体名
SDGs取組み部門		
最優秀賞	災害時のフェーズ対応取組み	ハウス食品グループ本社
優秀賞	サステナブル防災システム	グリーンデザイン＆コンサルティング
優秀賞	お茶碗がいらないおかゆ	幸南食糧
優秀賞	ユニフーズ7・6食ローリングストック	非常食研究所
お米・炭水化物部門		
最優秀賞	一汁ご膳（豚汁、けんちん汁）	尾西食品
優秀賞	米クランチ（100g）	昭栄
優秀賞	個包装オートミール	岐阜米穀
奨励賞	揖保乃糸防災食	マルキ
缶詰部門		
最優秀賞	KOIKEYA LONG LIFE SNACK	湖池屋
優秀賞	いわし味噌煮 減塩	極洋
優秀賞	梅干缶（紀州南高梅）	こまち食品工業
奨励賞	カキの醤油麹煮	南三陸おふくろの味研究会
レトルト部門		
最優秀賞	カレーの王子さまシリーズ	エスビー食品
優秀賞	Chef's Stock昔なつかしナポリタン	ドウシシャ
優秀賞	ロングライフ いわし生姜煮	G7ジャパンフードサービス
奨励賞	そのまんまOKカレー	三徳屋
ローリングストック部門		
最優秀賞	「やさしい献立」シリーズ	キユーピー
優秀賞	やまチョコ	大東カカオ
優秀賞	白がゆ	はくばく
奨励賞	ノザキのサラダチキン	川商フーズ
健康・アレルギー対応部門		
最優秀賞	災害備蓄用フリーズドライご飯わかめ味	永谷園
優秀賞	あずき玄米がゆ	キッスビー健全食
優秀賞	ほっこりゆば丼	日乃本食産
奨励賞	五穀玄米ごはん	味きっこう
特別賞		
日本食糧新聞社賞	カップヌードルローリングストック	日清食品
日本食育学会賞	「ソフミール　やわらか缶詰」シリーズ	メディア・グローブ
ヤフー・SDGs貢献賞	さけ中骨煮付	マルハニチロ
ヤフー・SDGs地域貢献賞	北海道産ほたて貝柱のおかゆRT	アルファー食品
缶詰博士賞	四万十産マヒマヒのマヨグラタン	黒潮町缶詰製作所
防災安全協会賞	カップヌードルローリングストック	日清食品
防災安全協会奨励賞	スティックバウムクーヘン	アルファフーズ
防災安全協会奨励賞	その場deパン　プレーン	エス・アイ・オー・ジャパン
防災安全協会奨励賞	ひとくちカレー	宮島醤油

災害時のフェーズ対応取組み

豊富な製品で栄養をカバー

ハウス食品グループ本社

　災害時、災害現場の状況に応じた4つのフェーズごとの必要な栄養への対応とローリングストックへの取組みが評価された。

　エネルギー補給が重要な災害発生から24時間以内のフェーズ0から72時間以内のフェーズ1までは普段から食べ慣れている同社のレトルトカレーやシチューを、栄養バランスへの対応が重要となる4日から1カ月以内のフェーズ2から1カ月以降のフェーズ3では、ゼリーや強化米でビタミンを補給する対応を提案している。

サステナブル防災システム

大量廃棄をストップし安全にリユース

グリーンデザイン&コンサルティング

　防災備蓄食の備蓄において課題となるのが賞味期限による商品の入れ替え。賞味期限が切れると保存水や保存食は有料で専門業者が回収する産業廃棄物になってしまう。しかし、残存期間が長ければ残る賞味期限を生かして、国内外で必要とする人や団体、地域に安全・安心な食品を届けることが可能になる。

　当システムでは、7年保存シリーズ商品の賞味期限を8年6カ月に延長。子ども食堂をはじめとするフードドライブ(寄付)によるリユースへの道を切り開いた。

お茶碗がいらないおかゆ

もみ殻由来の紙素材を包材

幸南食糧

　「お茶碗がいらない一膳お粥」シリーズは、人気の高いカップおかゆで、移し替えずレンジでそのまま温めて食べられる簡便性を兼ね備えている。同品は、精米過程で廃棄されていた「もみ殻」を主原料にした紙素材「momi-kami」をスリーブに使用。容器成形メーカーや製紙メーカーと30カ月もかけて共同開発したもので、従来のプラスチック原料のピロー包装のおかゆ商品と比べて約半量(10g)の軽量化を実現。これにより年間200万tも出るもみ殻のアップサイクルを可能にした。

一汁ご膳　豚汁／けんちん汁

災害時の食、課題解決目指す

尾西食品

　大きめにカットした野菜がごろっと入ったレトルトスープとアルファ米のセット。1食でご飯と野菜が摂取できる。

　避難生活が長期化すると、慣れない環境でのストレスによる食欲低下や、炭水化物中心の食事が続き野菜やおかずが不足することなどによる健康への悪影響が懸念される。

　同品は、アルファ米に水もしくはお湯を注ぎレトルトの汁物と一緒に食べられる。水がないときの対応として、アルファ米を汁物で戻すと炊き込みご飯風になるよう水分量も工夫している。

米クランチ

スナック感覚で玄米の栄養

昭栄

素揚げした玄米でザクザク食感が楽しめ、玄米の栄養を手軽に摂取できる。お菓子やおつまみ感覚で食べるほか、サラダやスープなど料理のトッピングとしても活用できる。5年間の長期保存が可能でお湯や加熱不要。水分を含まず軽量で持ち歩きにも便利だ。

発注から商品化の流れは、好みの玄米を持ち込みフレーバー（カレー、塩、梅など）や袋のデザインを指定後、約1カ月で納品。100g入りなら780食、25g入りなら3,100食からの受注が可能で、玄米30kg袋で2袋分となる。

個包装オートミール

全粒穀物で高栄養、食物繊維も

岐阜米穀

胚芽などが付いた未精製の状態で加工され、精白穀物に比較して食物繊維やタンパク質、各種ミネラル類が豊富に含まれる。

上部を切り取り、お湯または水を入れるだけ。中袋が食器代わりとなる。噛む必要がなく歯の弱い人にも最適である。

スープの素やお茶漬けの素、ココアや黒糖などに混ぜて自由に好みの味を付けたり、カップ麺に入れたりすることができる。水加減を調整すれば、雑炊風からおかゆ風まで多彩な食感が味わえる。いろいろアレンジできるローリングストック商材である。

KOIKEYA LONG LIFE SNACK

暮らしになじむデザイン

湖池屋

できたてのおいしさをそのまま閉じ込めたスナック缶。災害食としての機能を担保しながらも、日ごろ食べ慣れたポテトチップスの味わいと、日常にフィットするデザインで、スナック菓子特有の「ほっとする時間」という情緒面の価値が付加された。

同社オンラインショップでの限定発売だが「5年間保存できる」「暮らしになじむデザイン」という斬新さから毎回完売するほどの人気。普段の生活やアウトドアでも役立つ「フェーズフリー」な商品としても注目されている。

いわしみそ煮　減塩

塩麹の使用でまろやかに

極洋

同社従来品比で25％の塩分カットを実現。味わいなど品質面から青魚缶詰の減塩化は困難とされてきたが、原料にこだわり素材を吟味することで、納得できるおいしさの水準をクリアした。技術的なポイントは塩麹の使用で、これにより塩味とまろやかさを加えることに成功した。

塩分が気になる人のおかず・おつまみとして、開封してそのまま食べられる即食性もメリット。青魚缶詰コアユーザーのシニア層をはじめ、健康志向の幅広い層に提案している。

カレーの王子さまシリーズ

改良を続け30年超の高支持

エスビー食品

　子どもの味覚と食物アレルギーに配慮し、「安全・安心」と「健康・栄養」をコンセプトに20種類の野菜と果実を使用した自然でやさしい味わいで、1歳ごろからおいしく食べられる。多品種の野菜を使用している健康性、またその野菜と果実による自然なとろみと甘さによる食べやすさに加え、カレーを常温で食べられる点やアレルギーをもつ子どもに配慮されている点が高い評価を得た。常に親子の視点で行ってきた商品改良が、世代を受け継ぐ30年以上の支持につながっている。

「やさしい献立」シリーズ

災害時こその配慮食を実現

キユーピー

　1998年にわが国初の市販用介護食品として発売されたユニバーサルデザインフード（UDF）規格準拠の市販用介護食シリーズ。災害時のローリングストックに優れた適性をもつほか栄養面でも優れており、介護食としての優しい味やとろみで、高齢者でも安心して日常的に食べられる。

　常温品として保管場所を選ばず賞味期間は1年以上、豊富な品揃えとおいしさにこだわった味覚設計、調理不要で食べられるなどライフライン休止・停止下での需要に対応している。

やまチョコ

溶けにくさと食べやすさ

大東カカオ

　チョコレートはエネルギー補給としてだけでなく、災害時のストレスを和らげる効果もある。そのまま食べることができるものの気温が上がると溶けやすいという欠点を解消するべく開発し、特許製法で誕生した。疲れているときや食欲のないときにも食べたいと思う味を目指し、ホワイトチョコレートをベースにレモン果汁パウダーと塩を配合し、すっきりした風味で口溶けも良い。携行しやすい形状のパッケージで、ポケットに入れてもベタネタしないため、登山にも最適だ。

暮らしおかゆシリーズ「白がゆ」

日常食としてのおいしさ追求

はくばく

　日常食としてのおいしさを追求し開発した商品で、普段の生活で食糧備蓄を取り込むローリングストックに最適。非常時には温めず食べることができるうえ、炭水化物はもとより、添加物を使用していないため水分としても摂取できる。コメの甘みが感じられ、粒感を残しながらもふっくらと炊き上げたおかゆとしての味わいに加え、富士山の銘水を使用した「水へのこだわり」も評価ポイントとなった。味付け不要で食べることができ、塩分摂取を控えている人にもおすすめとなっている。

ノザキのサラダチキン

差別化品を手ごろ価格で

川商フーズ

国産鶏のささみ肉を使用し、魚沼市の協力工場で生産。塩で漬け込んだ鶏ささみ肉をほぐしたもので、そのままサラダや料理素材として幅広く使える。低脂質でタンパク質も豊富。プラスチック容器を採用しており、内容量は76ｇ、賞味期間は3年間。

コンビニエンスストアなどで定番となったチルドタイプのサラダチキンを、災害食としても最適な缶詰としてノザキ流に再現した。また、食品値上げが常態化する環境下で、より手ごろな価格帯で提供できるよう商品設計した。

災害備蓄用 フリーズドライご飯　わかめ味

FDの即食価値を浸透

永谷園

お湯を入れて3分、水でも5分で食べられるフリーズドライ（FD＝凍結乾燥）ご飯。普段使いできる商品名、デザインに改良し、災害時の心労を和らげる。できあがりはおむすび約2個分の260ｇで食器不要のスプーン入り。

賞味期限は製造後8年で、食物アレルゲン情報も記載。FDならではの短時間復元を強みに、冷めても硬くならない。そのままでもスナックのようにサクサク食感でおいしく食べられる。水量でコメの硬さが調節できて体調や年齢、好みに合わせられる。

あずき玄米がゆ

穀物の栄養を丸ごと

キッスビー健全食

原料はすべて国産で、弾力と香りのある玄米とミネラル分豊富な小豆、健康に良いとされるハトムギ、豊富なタンパク質を有する大豆に、伊豆大島の塩「海の精」を加え、高圧釜で一気に炊き上げた。持ち運びや保存にも便利な缶入り。非常食はもとよりレジャー、夜食など幅広い用途に活用でき、食欲がないときや、少量でも良質な栄養素を摂取したい人にも最適。ふっくらモチっとした食感をしっかり残し、よく噛むことで唾液が分泌されより消化も進み、体内に栄養が吸収されやすい。

ほっこりゆば丼

心安らぐ保存食を日常にも

日乃本食産

利尻産昆布と松茸のだしを使用し、厳選したゆばにとろみをつけて食べやすく加工した。

小麦と大豆を除くアレルギー26品目不使用。ハラール認証取得、動物性原材料不使用のビーガン仕様。ISO22000を取得した高い衛生管理体制を敷き、さらに、独自の多段階殺菌製法とチッ素置換技術により既存品とは一線を画す。国産原料にこだわり、栄養バランスや消化器系に負担が少ないよう工夫している。

加熱剤と加熱袋を同封しているので、少量の水を注いで待てば、熱々に温められる。

カップヌードルローリングストック

法人需要高まる

日清食品

負荷のかかる環境下で、普段から食べ慣れている「カップヌードル」を食べることで、まずは食事から日常に近い状態を取り戻したいとし、定期的に届けるサービスを取り入れた。一度申し込むと、以降は自動的に商品が届くので、買い忘れや賞味期限が切れたままだったという心配はない。災害時に備えて3日分の食事（9食）が確保できる。

実際の活用事例としては、個人の申し込みに限らず、福利厚生の一環として法人からの需要も高まっている。

「ソフミール　やわらか缶詰」シリーズ

咀嚼困難者向け長期保存食

メディア・グローブ

凍結含浸法という製法により、食品の形はそのまま、歯ぐきで潰せる軟らかさに加工。東日本大震災被災者の問い合わせから生まれた①常温で長期保存が可能、②温めなくてそのままおいしく食べられる、③細かく刻まず見た目は食品のままの形、というコンセプトを具現化した、高齢者の災害食問題を解決する商品となっている。

凍結含浸法とは、食材を真空ポンプ内で減圧しながら加工し構造（細胞）間を切り離す技術。濃厚で食が進む、高齢者用軟らか食の概念を打ち破るおいしさである。

北海道産ほたて貝柱のおかゆRT

多様性や地球環境にも配慮

アルファー食品

北海道産ほたて貝柱を使ったぜいたくな逸品。水や食器、調理不要、そしゃく機能にも配慮したレトルトシリーズで、おいしさと常温で7年間という長期保存を兼ね備える。スプーンが段ボール内に付属し、温めずにそのまま食べられる。

一方で、普段食としてのおいしさを追求した商品でもあり、とくに、温めるとさらにおいしいため多様なシチュエーションで活用できる。ローリングストックとして日ごろから食べる機会を設けることで、好みを知っておくことも不可欠である。

四万十産マヒマヒのマヨグラタン

「未利用魚」を見直すきっかけに

黒潮町缶詰製作所

一部の地域でしか利用が進んでいないシイラ（マヒマヒ）を原料に使用しており、価値があるのに利用されない「未利用魚」を活用した点が、SDGsの観点から評価された。また、7大アレルギー物質を使わずに製造されており、アレルギー体質の人でも安心して食べられる。卵を使わずに作ったマヨネーズ風調味料はほんのり甘めで、とくに子どもに好まれそうなおだやかな味。赤ピーマンとスイートコーンでカラフルに仕上げており、災害時に気持ちを明るくしてくれそうだ。

著者　奥田 和子

学術博士（災害食危機管理学、食デザイン論）

福岡県生まれ。広島大学教育学部卒業後、甲南女子大学教授ほか、米国カリフォルニア大学バークレー校栄養学科客員研究員、英国ジョージモアーズ大学食物栄養学科客員研究員などを歴任。
現在、甲南女子大学名誉教授、日本災害食学会顧問、防災安全協会顧問、NPO法人日本災害救援ボランティアネットワーク（NVNAD）理事を務める。
主な著書は『現代食生活論』講談社 (1989年)、『震災下の食 神戸からの提言』NHK出版 (1996年)、『働く人の災害食 神戸からの伝言』編集工房ノア (2009年)、『和食ルネッサンス』同時代社 (2011年)、『箸の作法』同時代社 (2013年)、『本気で取り組む災害食 個人備蓄のすすめと共助・公助のあり方』同時代社 (2016年) など。

災害食ハンドブック

定価2,200円（本体2,000円＋税10％）

2023年12月13日　初版発行
2024年1月31日　初版2刷発行

発行人　杉田　尚
発行所　株式会社日本食糧新聞社
　編集　〒101-0051　東京都千代田区神田神保町2-5 北沢ビル
　　　　電話03-3288-2177　　FAX03-5210-7718
　販売　〒104-0042　東京都中央区入船3-2-10アーバンネット入船ビル5F
　　　　電話03-3537-1311　　FAX03-3537-1071
　印刷所　株式会社日本出版制作センター
　　　　〒101-0051　東京都千代田区神田神保町2-5 北沢ビル
　　　　電話03-3234-6901　　FAX03-5210-7718

ISBN978-4-88927-292-5 C2077

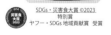